Brunel Gaël Eba Gatse

Vitamines pour une foi explosive

Brunel Gaël Eba Gatse

Vitamines pour une foi explosive
Recueil de reflexions bibliques

Éditions Croix du Salut

Mentions légales / Imprint (applicable pour l'Allemagne seulement / only for Germany)
Information bibliographique publiée par la Deutsche Nationalbibliothek: La Deutsche Nationalbibliothek inscrit cette publication à la Deutsche Nationalbibliografie; des données bibliographiques détaillées sont disponibles sur internet à l'adresse http://dnb.d-nb.de.
Toutes marques et noms de produits mentionnés dans ce livre demeurent sous la protection des marques, des marques déposées et des brevets, et sont des marques ou des marques déposées de leurs détenteurs respectifs. L'utilisation des marques, noms de produits, noms communs, noms commerciaux, descriptions de produits, etc, même sans qu'ils soient mentionnés de façon particulière dans ce livre ne signifie en aucune façon que ces noms peuvent être utilisés sans restriction à l'égard de la législation pour la protection des marques et des marques déposées et pourraient donc être utilisés par quiconque.

Photo de la couverture: www.ingimage.com

Editeur: Éditions Croix du Salut est une marque déposée de
Südwestdeutscher Verlag für Hochschulschriften GmbH & Co. KG
Heinrich-Böcking-Str. 6-8, 66121 Sarrebruck, Allemagne
Téléphone +49 681 37 20 271-1, Fax +49 681 37 20 271-0
Email: info@editions-croix.com

Produit en Allemagne:
Schaltungsdienst Lange o.H.G., Berlin
Books on Demand GmbH, Norderstedt
Reha GmbH, Saarbrücken
Amazon Distribution GmbH, Leipzig
ISBN: 978-3-8416-9808-7

Imprint (only for USA, GB)
Bibliographic information published by the Deutsche Nationalbibliothek: The Deutsche Nationalbibliothek lists this publication in the Deutsche Nationalbibliografie; detailed bibliographic data are available in the Internet at http://dnb.d-nb.de.
Any brand names and product names mentioned in this book are subject to trademark, brand or patent protection and are trademarks or registered trademarks of their respective holders. The use of brand names, product names, common names, trade names, product descriptions etc. even without a particular marking in this works is in no way to be construed to mean that such names may be regarded as unrestricted in respect of trademark and brand protection legislation and could thus be used by anyone.

Cover image: www.ingimage.com

Publisher: Éditions Croix du Salut is an imprint of the publishing house
Südwestdeutscher Verlag für Hochschulschriften GmbH & Co. KG
Heinrich-Böcking-Str. 6-8, 66121 Saarbrücken, Germany
Phone +49 681 37 20 271-1, Fax +49 681 37 20 271-0
Email: info@editions-croix.com

Printed in the U.S.A.
Printed in the U.K. by (see last page)
ISBN: 978-3-8416-9808-7

Copyright © 2012 by the author and Südwestdeutscher Verlag für Hochschulschriften GmbH & Co. KG and licensors
All rights reserved. Saarbrücken 2012

Recueil de reflexions bibliques

Recueil de reflexions bibliques

Brunel Gaël EBA GATSE

« Vitamines pour une Foi Explosive »

Recueil de réflexions bibliques

Volume 1

Table des matières

Préface..4
Le Miracle de Cana (Jean 2:1)...7
Faites ce qu'il vous dira...9
Les dangers de l'Ignorance..12
La connaissance selon le Tabernacle..15
La Réponse de Dieu..18
Les prières qui réjouissent le cœur de Dieu et libèrent sa faveur....................22
La preparation au service selon le Tabernacle de Moïse.................................26
Les Principes de la grâce royale...33
A- Le Principe de la Soumission :ESTHER 1:10-19......................................33
B- Le Principe de la reconnaissance : MATTHIEU 22:1-14 :........................35
Moïse étant devenu grand...37
Souviens-toi, lorsque tu étais petit à tes yeux... »..39
Dieu se souvient toujours de Bethlehem..43
Je le louerai encore..60
La contradiction de la foi de Marthe..67
Ne pleurez pas sur moi..71
Le dénombrement..89
L'homme selon le cœur de Dieu...98
Le Mystère des Opportunités..102
Les 3 G de la marche chrétienne...106
Quelqu'un a besoin de toi..110
Le Miroir de ta Vie..112
Le Dieu de la diversion...116
Le Régime dont tu as besoin pour changer..119
Aimer à la manière de Dieu..126
« La Bible dit... »...131

Préface

En lisant les pensées du jour du Pasteur Gaël Eba Gatse, j'ai pu discerner le coeur d'un vrai homme de Dieu. Un homme qui désire rapprocher les gens du Seigneur, et dont la motivation est celle de Jésus-Christ : sanctifier par l'eau de la Parole l'Eglise, afin de la faire paraître devant Dieu, glorieuse, sans tâche, ni ride, ni rien de semblable, mais sainte et irrépréhensible (Eph 5 :25-27).

Lorsque vous lirez cet ouvrage, vous trouverez certainement les principes de la Parole qu'il contient « bons ou excellents ». Cependant, je ne pourrais que vous conseiller de ne pas seulement les trouver « bons ou excellents », mais de « mettre la Parole de Dieu en pratique ».

J'aimerais aussi vous encourager à méditer la Parole de Dieu avec profondeur. Nous n'avons pas tous fait de grandes études, et nous sommes tous, les uns et les autres, tellement différents, mais à tous Dieu nous a donné la possibilité et le privilège de non seulement méditer sa Parole, mais encore de vivre sa Parole.

L'homme est si facilement décourageable en ce qui concerne les choses spirituelles. Mais il est normal de passer du temps à construire les choses spirituelles car ce sont des choses éternelles. Tandis que les choses humaines sont, quant à elles, passagères.

Nous devons avoir les bonnes priorités dans notre vie. En tant que chrétiens, nos priorités devraient être les priorités du Royaume de Dieu. Le Royaume de Dieu, ce n'est pas le manger et le boire, mais c'est la paix, la justice, l'amour. Ne courrons pas chaque jour de notre vie derrière ce qui est passager, mais courons vers ce qui est éternel. Cherchons la Parole de Dieu et Sa présence plus que tout. Soyons des gens qui « poursuivons » Dieu.

Il y a dans la Parole et la présence de Dieu d'abondantes joies. Il y a tout ce dont nous avons besoin dans Sa Parole. Il y a tout pleinement dans la présence de Jésus-Christ.

Nous passons parfois 11 heures dans la journée à "nous tuer" au travail, sans passer 10 minutes avec Dieu. Si seulement nous passions 10 minutes avec Dieu, nous n'aurions peut-être pas besoin de passer 11 heures à "nous tuer" à la tâche... Alors je vous encourage à passer du temps, chaque jour, à lire les pensées contenues dans ce livre et à pratiquer les principes de la Parole de Dieu. Ayons ensemble les bonnes priorités !

Pasteur Jérémy Sourdril
Pasteur associé à l'église de la Victoire du Québec
(Co-fondateur des Ministères EnseigneMoi
Directeur International de l'Institut Biblique EnseigneMoi)

« **Mon peuple est détruit, parce qu'il lui manque la connaissance. Puisque tu as rejeté la connaissance, Je te rejetterai, et tu seras dépouillé de mon sacerdoce; Puisque tu as oublié la loi de ton Dieu, J'oublierai aussi tes enfants** ». Osée 4:6

Le Miracle de Cana (Jean 2:1)

Le bon vin des noces de Cana a été le fruit d'un miracle du Seigneur Jésus révélant ainsi le but même de sa venue sur terre: Transformer la vie des hommes. Changer notre condition; changer notre destinée.

L'eau changée en vin est une image de la nouvelle naissance qui apporte dans nos vies un changement de nature, de position, de statut, de condition,...
Ce Changement, c'est ce qu'on appelle vulgairement la CONVERSION.
En effet, se convertir, c'est passer d'un état à un autre; d'une position à une autre; d'une condition à une autre; d'une conception à une autre,...

C'est à travers l'obéissance (foi) des serviteurs que le miracle a été rendu possible. S'ils avaient refusé de mettre de l'eau, d'obéir à Christ, il n'y aurait certainement pas eu ce miracle.
Les miracles de Dieu ne se font pas en secret. Ils se font de façon à ce que tous en soit témoin. Un miracle est miracle parce qu'il y a eu des témoins qui connaissaient la situation ou le problème et qui peuvent après le miracle, le changement de situation, rendre témoignage.

Ces serviteurs des noces de Cana, étaient les témoins oculaires de ce miracle. Les invités et les mariés n'avaient aucune donnée précise pour justifier ce bon vin. Seuls les serviteurs connaissaient ce qui s'était passé. Comment ne pouvaient-ils pas après croire en Jésus.

Cette eau qui servait aux purifications des juifs a été changé pour une autre utilisation. D'un usage vil et méprisable, cette eau est passée à la table d'honneur pour une utilisation noble: redonner de la joie, du plaisir aux hommes.

Lorsque nous acceptons par la foi le Seigneur Jésus Christ, il change notre ancienne vie de médiocrité, de bassesse, d'échec, de crainte, de complexe en une vie qui a un sens et une raison d'être. Nous devenons un sacerdoce royal et sommes au service du Roi des rois. Notre vie ne dépend plus des facteurs naturels, familiales, mais elle dépend maintenant de Dieu qui a entre ses mains notre destinée.

Ainsi, des vases vils que nous étions autrefois, nous sommes devenus en Christ, par la nouvelle naissance des vases d'honneur.

Prière:

Seigneur aide nous à réaliser tous les jours que nous ne sommes plus les mêmes personnes depuis que nous t'avions accepté par la foi.
Aide nous Seigneur à comprendre qu'avec toi dans notre vie nous allons quelque part et que notre vie a un nouveau but: servir à la louange et à la gloire de celui qui nous a aimé le premier.

Faites ce qu'il vous dira

Textes: Jean 2:1-15; Mathieu 17:5; Marc 9:7;Luc 10:38;Luc 9:35

Nous allons voir la problématique de l'écoute dans le ministère et dans la vie chrétienne en générale.

Aujourd'hui, tout le monde veut voir la gloire de Dieu. Or, la manifestation de cette gloire dépend d'une seule chose : « Faites ce qu'il vous dira ».

Il n'y aurait pas eu de miracle à Cana, si les serviteurs n'avaient pas fait exactement ce que Jésus Christ leur recommandait de faire.

Le Miracle de Cana était donc conditionné par le « faite ce qu'il vous dira ».

Lors de la transfiguration, Dieu a rappelé aux disciples qu'avoir Jésus à leur côté n'était pas suffisant pour voir la manifestation de sa gloire. Sa présence était une chose; sa manifestation en était une autre.

Dieu a rappelé aux disciples que l'écoute des paroles de Jésus donnait un sens et du poids à sa présence.

Servir sans écouter peut être très frustrant.

Tel a été le cas de Marthe, sœur de Marie et de Lazare. Marthe s'est mise à faire beaucoup de choses pour Jésus sans l'avoir au préalable écouté. Par contre, Marie sa sœur à opté d'être aux pieds du Seigneur pour l'écouter d'abord.

Mais au fait qu'est ce que c'est « l'Écoute, Écouter » ?

Écouter vient du grec **AKOUO.**
AKOUO = entendre, considérer ce qui a été dit.
       = Tenir compte de ce qui a été dit
       = Obéir à ce qui a été dit.

L'écoute est la base de tout service pour Dieu.

Un Serviteur n'agit pas de son propre chef. Pour agir et opérer il a besoin de recevoir des instructions de la part de son maître.

Il n'y a pas d'Action véritable sans écoute.

Le Seigneur Jésus a dit: « Mes brebis entendent (Akouo) ma voix et me suivent (Action).
La Parole que nous écoutons détermine et oriente nos actions.

« La Réussite dans le ministère et dans notre vie chrétienne dépend en grande partie de la façon dont nous écoutons. Qu'est ce que nous écoutons et comment traduisons nous cela par nos actes ».

En tant que fils de Dieu nous sommes appelés à obéir à la voix de notre père céleste.

En tant qu'épouse du Seigneur, nous sommes appelés à nous soumettre à la parole de notre époux.

Prière:

Seigneur apprend nous à mieux écouter ta voix afin de faire ce que tu attends de nous et de nous permettre de vivre ta gloire dans nos vies.

Les dangers de l'Ignorance

Textes: Genèse 1:1-5; Osée 4:6

« Mon peuple meurt parce qu'il ne me connait pas »
« Mon peuple est réduit au silence, faute de connaissance ».

L'ignorance (ténèbres) n'est pas une bonne chose. D'ailleurs, Dieu a appelé à la création la lumière pour chasser les ténèbres. Il a plutôt pris du plaisir à la lumière, plutôt qu'aux ténèbres.

Si Dieu n'a pas approuvé les ténèbres, ne l'approuvons pas non plus. Aimons et recherchons la lumière (Connaissance).

5 conséquences de l'ignorance

1- Perte de Temps

Le temps est précieux. Il nous permet d'accomplir et de réaliser des choses, des projets. Sa perte peut nous faire rater des opportunités, des rendez-vous,...
Ne pas connaître le chemin ou un itinéraire quelconque nous conduira à faire des

détours. Or, se détourner d'une voie pour une autre est déjà une perte de temps.
Ne pas connaître le mode d'emploi d'une machine, d'un appareil peut nous faire perdre beaucoup de temps quant à sa manipulation.

2- Stress et Énervement

Ne pas savoir utiliser un outil, une machine; ne pas retrouver son chemin ou une adresse peut engendrer du Stress et de l'énervement.

3- Se faire du mal, mettre sa vie en dangers

Ne pas connaître le dosage d'un médicament peut entrainer la mort, des complications de santé.
Ne pas connaître les dangers d'une route (le code) peut entrainer beaucoup d'accident et de mort.

4- Manipulation, tromperie, séduction

Ne pas connaître ses droits civiques peut entrainer que l'on soit manipulé et induit en erreur.
Ne pas connaître le prix, la valeur d'une objet peut entrainer qu'on nous escroque.

5- Limitation, blocage

Ne pas connaître son potentiel, ses grâces (dons, talents) fera en sorte que nous soyons limités dans l'exercice de nos fonctions, dans la vie en générale. Car, on ne peut faire des choses que l'on connait. Ne pas connaître ses droits et devoir nous bloque et nous empêche pleinement d'être épanouie.

Prière:

Seigneur, déchire le voile de l'ignorance dans ma vie. Ouvre mes yeux pour que je contemple les merveilles de ta loi et que je sache me conduire comme toi tu le désir.

La connaissance selon le Tabernacle

La connaissance est représentée par la lumière. Or, nous avons trois sources de lumière qui éclaire le tabernacle.

Le Parvis (Soleil) : Connaissance générale.

= Révélée par les œuvres de Dieu, la nature, la création (Romains 1:19-21).
Le soleil éclairait le parvis. Il était accessible à tous.
Nous nous réjouissons ici de ne pas être athées; nous sommes des croyants.

Le Lieu Saint (Chandelier): Connaissance Religieuse.

= Donnée par la lumière du Chandelier qui est une image de l'Église. C'est la connaissance, les informations que nous recevons à travers l'Église, les enseignements, les livres, l'école biblique, le catéchisme,...
Cette lumière est réservée aux religieux, pratiquants d'une religion.

Le Saint des Saints (Sheckinah) : Connaissance révélée par la Nouvelle Alliance

Le Saint des Saint était réservé à des privilégiés (Souverain Sacrificateur).

La lumière qui éclairait cet endroit venait d'en haut, du ciel, de Dieu.

Cette lumière appelée Sheckinah révélait ce qui se trouvait dans ce Saint des Saint. Sans cette Glorieuse Sheckinah, il n'était pas possible de savoir, de connaître ce qu'il y avait dans ce Saint des saints.

La Sheckinah nous révèle l'Arche de l'Alliance qui nous enseigne à travers ce qu'elle transporte notre nouvelle identité en Christ: ce que nous sommes devenus, ce que nous possédons,...

La Verge qui a refleurit :

Grâce à la nouvelle Alliance, Dieu nous donne une nouvelle vie pleine d'Espérance. Car, Christ en nous, c'est l'Espérance de la gloire (Col.1:27).Maintenant en Christ, nous pouvons espérer là où plus personne n'espère et croire que quelque chose va se passer.

Le Vase d'Or :

La nouvelle Alliance a fait de nous « un sacerdoce royal » et surtout participant à la nature divine. Nous sommes devenus des instruments pour servir à la louange et à la gloire de Sa Majesté le Roi des Rois. La vie divine (ZOE) coule maintenant en nous.

Les Tables de la Loi :

La nouvelle Alliance fait de nous des porteurs de la parole de Dieu et des messagers de la bonne nouvelle. En Christ, la parole est maintenant écrite dans nos cœurs et notre vie doit refléter cette parole. Nous sommes devenus des lettres vivantes et notre vie doit porter le témoignage de Christ. Ici, nous comprenons que la parole de Dieu doit demeurer en nous.

La Manne:

A travers la nouvelle Alliance, Dieu nous a doté de capacité via son Saint Esprit de pouvoir le servir dans notre nouvelle vie. Nous le servons maintenant non plus avec nos forces, notre expertise, mais avec son Esprit. N'est il pas écrit : « Ce n'est pas par la force, ni la puissance, mais c'est par mon esprit ».

Prière:

Seigneur, que la compréhension de la nouvelle alliance me soit accordée par le Saint Esprit. Apprend moi chaque jour le sens de mon identité et de ma destinée en Christ à travers le tabernacle de Moïse.

La Réponse de Dieu

Textes: 1 Rois 18:20; 23;39.

Nous allons parler ici des principes de la révélation divine.

Dieu répond, agit à cause de lui-même; de sa volonté. A cet effet, nos prières doivent se faire selon sa volonté (ce qu'il veut, désir).

A travers la célèbre confrontation du mont Carmel, nous sommes à une époque où il y a une profonde crise nationale au sujet de l'adoration du vrai Dieu. Face à cette crise, une révélation du véritable Dieu s'imposait.

D'un côté nous avons les prophètes de Baal et de l'autre nous avons le prophète de l'Éternel, Élie.

Les deux camps se sont retrouvés au mont Carmel afin d'offrir un sacrifice sur l'autel en vue d'attirer la faveur du vrai Dieu.

Il est donc question ici de deux autels qui devaient servir de point de contact à la manifestation du vrai Dieu.

A titre de rappel, l'Autel était un lieu de sacrifice, d'adoration et de révélation.

Le premier autel, celui des prophètes de Baal, n'a donné aucun résultat et signe du vrai Dieu. Pourtant, ils avaient bel et bien construit un autel; avaient le sacrifice et le bois. Mais alors, pourquoi n' y a t-il pas eu de réponse divine ?

Par contre, l'autel d'Élie a été embrasé par le feu divin venu du ciel. Comment pouvons-nous expliquer cela ?

Elie qu'on appelait le prophète de feu avait compris une vérité que les serviteurs-prophètes de Baal ignoraient.

Il avait compris que le sacrifice sur un quelconque autel n'était pas suffisant pour que Dieu se manifeste. Dieu étant dans des principes, Elie n'a fait que les respecter.

Dieu est dans sa parole et il est lui-même la parole. Il agit et fonctionne en rapport avec lui-même.

Elie a procédé autrement dans l'invocation de son Dieu. Il a posé plusieurs actes prophétiques qui ont touché le cœur de Dieu. Premièrement il a pensé à restaurer l'autel sur 12 pierres de fondement qui symbolise le Royaume Uni d'Israël.

Par cet acte, il a reconnu que Dieu était le Dieu unique d'Israël et que la division d'Israël en deux Royaume n'avait jamais été sa volonté parfaite. Il a ainsi reconnu le Principe de la Royauté et de la souveraineté de Dieu: Tu es Roi. Indirectement, ses 12 pierres symbolisaient **JESUS CHRIST LE ROI DES ROIS.**

Deuxièmement, après avoir établis l'autel sur 12 pierres, il a placé le sacrifice sur le bois. Cet acte, était l'illustration prophétique de **JESUS CHRIST LE SACRIFICE VIVANT** crucifié pour nos péchés sur la croix de Golgotha. Elie a reconnu que la question du péché ne pouvait être résolue que par le sacrifice d'un innocent. Le sacrifice de la croix nous rappelle que nous étions coupables et indignes de Dieu et que ce dernier, par grâce, a porté notre jugement, notre condamnation. Car, n'est-il pas écrit : « Tous ont péché et sont privés de la gloire de Dieu » ou encore : « Le salaire du péché c'est la mort ».

Troisièmement, après l'animal sacrifié, Elie a pris de l'eau et la versée sur l'eau. Pourquoi l'eau ?
L'eau symbolise la parole et la vie. En versant l'eau, il était en train de reconnaître que **JESUS CHRIST EST LA PAROLE DE VIE.** Il est celui qui purifie nos vies de la saleté du péché. En reconnaissant Jésus Christ à travers l'eau, c'était reconnaître qu'il est le **VERBE DE DIEU, le PROPHETE DE DIEU** dont Moïse avait annoncé l'arrivée.

En règle générale, Elie a reconnu indirectement et de façon prophétique JESUS CHRIST comme étant la réponse de Dieu, le bras de l'Éternel.

Oui! Jésus Christ est la réponse de Dieu. Rien ne peut se faire sans lui. Il est le commencement et la fin de toute chose. Dieu n'agit dans nos vies qu'en fonction des mérites de CHRIST. C'est à cause de JESUS CHRIST notre intercesseur que Dieu agit en notre faveur.

Prière:

Père éternel, aide moi chaque jour à mettre Christ Jésus toujours au centre de ma vie. Donne moi de toujours reconnaître sa Royauté, sa Sacrificature. Apprend moi moi à réaliser qu'il est bien la parole faite chair et le « oui » de Dieu pour notre salut.

Les prières qui réjouissent le cœur de Dieu et libèrent sa faveur

La prière est un exercice, une pratique qui a existé depuis la nuit des temps. L'homme a toujours voulu communiquer avec la divinité, le monde des esprits. Toutefois, nous avons jugé bon de clarifier un peu ce sujet à la lumière des Saintes Ecritures.

D'entrée de jeu, il serait souhaitable de définir le concept « Prière ».On a communément définit la prière comme étant le fait de parler à/avec Dieu. Nous voulons tout simplement préciser que « le parler » fait partie ce qui fait même l'essence de la prière: la communion. En d'autres terme, nous simplifierons la définition de « la prière » en disant que « prier, c'est être en communion avec Dieu ».

A ce sujet, nous voulons également préciser que nous entrons dans la Relation avec Dieu via notre Nouvelle Naissance. Cette nouvelle naissance nous confère une nouvelle position et nous introduit dans l'intimité avec Dieu; dans une Communion avec lui.

Les bases étant posées, nous voulons encore une fois préciser autre chose. Lorsque la question de la prière est posée, il ne s'agit pas de savoir: « Si on prie », mais plutôt « Qui on prie ».Dans le « Qui »il est question de l'objet de la prière. Sur quoi se repose, s'appuie notre prière.

Si Dieu est l'objet de notre prière, alors inévitablement nous devons associer notre prière ou bien si vous voulez notre communion à la notion de la FOI.

La Bible dit que « celui qui s'approche de Dieu doit croire qu'il existe et qu'il est le rémunérateur de ceux qui le cherchent ».

Ainsi, la FOI est l'élément fondamental qui accompagne notre Communion.

Pour revenir un peu à la Communion, il est bon de savoir que dans toute Communion il y a deux éléments importants : La Présence et la Communication.

Dans la présence, il y a : la contemplation, l'admiration, la méditation.
Dans la Communication il y a, par contre: l'Adoration, la louange, les requêtes, les sollicitations, les Actions de grâce,...

C'est pourquoi, étant donné que notre nouvelle position en Christ et l'Esprit de Dieu qui vit en nous, nous sommes automatiquement, via notre nouvelle naissance, en communion avec le Père.

Par ailleurs, il est important de savoir que cette Communion ou Connexion Divine est très sensible, fragile. La seule chose qui maintien cette Intimité c'est la sanctification. Bien entendu, la seule chose qui la brise c'est la pratique et la non confession du péché dans notre vie (en pensée, actes,...).

Le péché est nuisible et mortelle. Veillons toujours à laver notre robe blanche afin d'être toujours digne de nous approcher de la sainteté de notre père céleste.

Ce qui est intéressant, c'est que grâce à notre position de fils de Dieu, nous n'avons plus besoin de protocole pour entrer dans sa présence et lui parler. Nous avons ainsi un libre accès et une communication illimitée avec Dieu. Le voile du temple n'a t-il pas été déchiré à la neuvième heure ?

Fini donc le protocole et les formules toutes faites. Fini les vaines redites. Maintenant, chacun est libre selon l'Esprit de s'exprimer à Dieu et de lui faire part de ce qu'il y a dans notre bon trésor: notre cœur.

L'objet de ce partage est de nous inviter à découvrir les clés et principes qui réjouissent le cœur Dieu et font en sorte que nous soyons bénéficiaire de sa faveur. Car, si prier est une grâce liée à notre position en Christ. Toutefois, il est bon de savoir comment toucher le cœur de Dieu afin de libérer sur notre vie les résultats de nos prières.

La Prière de Josaphat

« Josaphat se présenta au milieu de l'assemblée de Juda et de Jérusalem, dans la maison de l'Eternel, devant le nouveau parvis. 6 Et il dit: Eternel, Dieu de nos pères, n'es-tu pas Dieu dans les cieux, et n'est-ce pas toi qui domines sur tous les royaumes des nations? N'est-ce pas toi qui as en main la force et la puissance, et à qui nul ne peut résister? 7 N'est-ce pas toi, ô notre Dieu, qui as chassé les habitants de ce pays devant ton peuple d'Israël, et qui l'as donné pour toujours à la postérité d'Abraham qui t'aimait? 8 Ils l'ont habité, et ils t'y ont bâti un sanctuaire pour ton nom, en disant: 9 S'il nous survient quelque calamité, l'épée, le jugement, la peste ou la famine, nous nous présenterons devant cette maison et devant toi, car ton nom est dans cette maison, nous crierons à toi du sein de notre détresse, et tu exauceras et tu sauveras! 10 Maintenant voici, les fils d'Ammon et de Moab et ceux de la montagne de Séir, chez lesquels tu n'as pas permis à Israël d'entrer quand il venait du pays d'Egypte, -car il s'est détourné d'eux et ne les a

pas détruits, - 11 les voici qui nous récompensent en venant nous chasser de ton héritage, dont tu nous as mis en possession. 12 O notre Dieu, n'exerceras-tu pas tes jugements sur eux? Car nous sommes sans force devant cette multitude nombreuse qui s'avance contre nous, et nous ne savons que faire, mais nos yeux sont sur toi. »

- **Josaphat élève Dieu (Adoration, Louange)**
- **Il lui rappelle ses responsabilités et sa Capacité**
- **Il lui présente la chose qui le dérange**
- **Il lui rappelle sa position et son incapacité à y faire face**.

N.B: En aucun cas, il se plaint, murmure au sujet de la situation qui le dérange.

La Bible dit que dans sa frayeur, il se disposa à chercher Dieu. Il chercha Dieu dans sa frayeur.

Retenons donc que Dieu ne nous rejettera pas parce que nous avons été humains dans notre attitude. Dans sa chair, Josaphat, avait réagi face à la situation. Cependant, son Esprit se disposa à chercher l'Eternel.

La preparation au service selon le Tabernacle de Moïse

On ne peut pas parler de service sans d'abord parler de celui qui sert : **le Serviteur.**

Lorsque Dieu a envoyé Moïse délivrer son peuple de la main de Pharaon, il avait déjà dans sa pensée le Tabernacle. Ce sanctuaire transportable était le lieu choisi par Dieu pour que son peuple puisse le servir (Adoration).

I) Le serviteur selon le tabernacle

a) La Porte

Le serviteur qui se prépare au service doit bien comprendre qui est la personne et l'œuvre de Jésus Christ.

Le serviteur d'après le Tabernacle est une personne qui a reconnu Jésus Christ comme étant la porte qui mène à Dieu et qui sauve.
Parlons un peu de la porte du Tabernacle qui n'est autre que l'ombre de Jésus Christ dans l'AT.

La Bible nous révèle que :

*cette porte est située à l'Est, à l'Orient. Or, c'est à l'est que se lève le soleil (Christ est le soleil de la justice)

*La tribu de Juda était rangée à l'Est (Christ est issu de Juda et il était le Lion de la tribu de Juda)

*Cette porte est constituée de quatre colonnes revêtues d'un tissu composé de quatre couleurs (le plan du salut trouve son accomplissement en Christ dans les quatre évangiles)

Mes amis, le vrai service part de la connaissance que nous avons de celui qui nous a embauché. Si nous ne connaissons pas notre employeur comme Marthe, nous allons tomber dans l'activisme. Marie savait par contre que la clé d'un véritable service était d'être près du Seigneur et de l'écouter d'abord pour mieux cerner sa volonté.

Connaître Christ est donc important pour la préparation au ministère (service).

Les quatre évangiles nous révèlent la personne de Jésus Christ symbolisée par les quatre couleurs du tissu de la porte du tabernacle :

Mathieu = Pourpre = **La royauté** ; le roi, le Messie
Marc = Écarlate = La sacrificature ; Le sacrificateur parfait, **le serviteur**
Luc = Lin = **L'homme parfait**, saint, sans péché ; le Fils de l'homme
Jean = Bleu = **Divinité**, Dieu ; la parole faite chair

Que dites-vous que je suis, a demandé un jour, Jésus à ses disciples.

« Tu es le Messie », telle fut la réponse de Pierre.

Et pour nous qui prétendions le servir, qui est il ?
Messie-Sacrificateur-Fils de l'Homme-Dieu ?

b) L'Autel d'airain

Après avoir cru et reconnu Christ tel qu'il est révélé dans les saintes écritures, le serviteur qui s'apprête à le servir doit réaliser qu'un bon service passe par la mort à soi ; sacrifier sa vie pour Christ ; avoir l'esprit du sacrifice ; chercher d'abord les intérêts du Royaume et non les notre.

c) La Cuve d'airain

Un bon service passe par la compréhension de l'importance de la sanctification, pureté, consécration.

d) Le chandelier d'Or

Le chandelier représente le Saint-Esprit, les dons de l'esprit et l'onction pour le service. Sans le Chandelier, il ne peut y avoir de service. Il est la seule source de lumière.

Nous servons Dieu avec la force, la capacité que lui seul nous donne. Nous sommes les lampes et nous transportons tous l'huile. Personne ne peut dire qu'il n'a rien reçu de Dieu. Nous avons tous l'huile (les dons spirituels, talents naturels) mais notre responsabilité pour briller (distinction, qualité, efficacité…) est d'entretenir cette huile.

C'est l'Esprit qui nous conduit dans le service : « Il vous conduira dans toute la vérité ».

e) Les 12 pains de proposition

Nous servons sur la base de sa Parole. Notre service dépend de la Parole. La Parole de Dieu doit être le fondement (chiffre 12) de toute notre activité. En effet, nous chantons, intercédons, prêchons selon sa Parole.

f) L'Autel de Parfum

Notre service dépend de notre connexion avec Dieu. La prière a une place importance dans le service. Par elle, nous nous recommandons à Dieu, nous le remercions pour ce qu'il fait, nous lui disons combien nous l'aimons,...

II - Servir dans l'Excellence

C'est entrer dans la dimension du lieu Très saint où seule la Shekinah de l'Eternel est la source d'éclairage. Ici la connexion avec Dieu est permanente.

C'est entrer dans une intimité très profonde avec Dieu. Cette intimité nous l'appelons «Alliance».

Nous constatons qu'un seul objet est présent dans ce lieu appelé Saint des Saints. Cet objet c'est l'arche de l'alliance.

L'homme, le serviteur est l'image de cet arche.

*Il possède en lui le témoignage intérieur de son alliance.
*Il a atteint la dimension de l'être plutôt que du paraître.
*Il n'a pas l'apparence de la piété, mais il vit la vraie piété qui tire sa force de l'intérieur.

*Il a compris que c'est l'Attitude (témoignage, comportement, actes) qui amène l'Altitude (excellence, réussite,…).

Trois choses sont importantes pour vivre l'excellence : Les tables de la Loi, La verge d'Aaron et la Manne.

A titre de rappel, le chiffre trois est le chiffre de la divinité, de la perfection, de l'excellence.

Lire Esaie 55 : 10 (La pluie arrose, féconde et fait germer la plante)

a) Les tables de la Loi (La pluie tombe et la terre reçoit l'eau)

Vivre l'excellence dans le service commence par garder en soi la Parole de Dieu et y demeurer. Ecouter, lire la Parole n'est pas suffisant. **« Fidélité oblige »**.

Jésus a dit :
« Celui qui demeure en moi et en qui je demeure porte beaucoup de fruit.(…)Si vous demeurez en moi et que mes paroles demeurent en vous, demandez ce que vous voudrez, et cela vous sera accordé » (**Jean 15 :5 ;7**)

b) La Manne (Fécondation, capacité de produire la vie)

La Manne c'est la grande interrogation. Qu'est ce que c'est ? Qu'est ce qui se passe ? C'est incroyable ! Qu'est ce qui lui arrive ?

Nous devenons un signe qui suscite la réflexion et les questionnements. Notre vie et ce qui nous arrive étonnent un grand nombre de personne de notre entourage.

c) La Verge d'Aaron qui a fleuri (Germination)

En bourgeonnant cette verge s'est démarquée, s'est distinguée, s'est positionnée. Ici, c'est l'étape où nous devenons productif et utile au-delà des lois naturelles.

Nous servons désormais avec la mentalité que notre lendemain sera plus prometteur et meilleur que notre présent.

Nous vivons d'espérance, car nous avons compris que « Christ en nous c'est l'espérance de la gloire ».

A ce niveau, c'est le couronnement : la distinction, l'Excellence.

III- Attention à la négligence

La négligence, c'est faire comme on veut, quand on veut l'œuvre de Dieu. C'est un peu faire comme les fils d'Aaron qui ont apporté un feu étranger = légèreté.

Définition:
Négligé, négligence = Dont on a pas pris soin suffisamment ; manque d'attention, d'égard, de soin ;
Ne pas s'occuper avec soin de ce qui pourtant devait l'être.

La Bible déclare : « Malheur quiconque fait l'œuvre de Dieu avec négligence »

La négligence attire donc la colère et la malédiction de Dieu. Pourtant, Dieu aime les choses Excellentes, les bonnes choses.

a) Soyez Saint, Parfait comme Moi je suis Saint = Lév.19 :2

b) Les prémices lui appartiennent = Proverbes 3:9, Exode 13 :2

Prière:

Seigneur, je veux te servir comme tu veux que je te serve en respectant tes exigences et standards de sainteté et de qualité.

Les Principes de la grâce royale

A- Le Principe de la Soumission : ESTHER 1:10-19

VASTHI est devenue reine par pure grâce royale. De tout l'arène royale elle a été positionnée, choisi au rang de reine.

En tant que femme elle avait le devoir de se soumettre à son mari, bien plus à son roi qui a fait d'elle ce qu'elle était : Reine de tout un empire.

Sa désobéissance à la parole du roi était coupable. Avait-elle oubliée que la parole du Roi est sacrée et fait autorité de loi. Avait-elle oubliée qu'un Roi est avant tout SOUVERAIN.

Voilà le bas qui blesse pour beaucoup de Chrétien : **la souveraineté de Dieu.**

Beaucoup d'enfant de Dieu, comme Vasthi ne saisissent pas toujours le véritable sens et la profondeur de ce concept: SOUVERAINETE.

Voyez-vous le drame de la chrétienté et du rejet de Dieu. VASTHI a refusé d'obéir à la parole du ROI. Parole qui pourtant exprime la volonté, le désir de SA MAJESTE.

Dans la royauté, le contenu de la parole du Souverain n'a pas besoin de notre approbation, interprétation, de notre ressenti,...

Le plus important, c'est que le Roi a parlé et que sa parole doit être exécutée.

La Parole du Roi devient une loi pour ceux qui la reçoivent. Elle est puissante et infaillible.

Quel que soit les exigences de la Parole du Roi, nous devons nous y soumettre sans résistance. Chose que VASTHI n'a pas faite.Elle a refusé d'obéir et de se soumettre.

Elle a certainement considérée sa dignité, son honneur plutôt que l'ordre de son mari, de son roi.

Mes amis, Dieu est Souverain. Sa Souveraineté ne dépend pas de nos impressions, de ce que nous pensons, de ce que nous voulons, de ce que nous ressentons.

B- Le Principe de la reconnaissance : MATTHIEU 22:1-14 :

La Parabole des Conviés nous révèle un autre aspect du Royaume : la reconnaissance et la considération de l'autorité.

La seconde invitation du roi était adressée à « Monsieur Tout le Monde ».

Quelle grâce de recevoir une invitation solennelle du Roi. Vous vous en rendez compte ! Le Roi nous invite chez lui. Quel privilège!

Et bien, c'est justement là le nœud du problème de notre parabole et du rejet de cet invité. Pourtant ce dernier faisait partie des « Monsieur Tout le Monde » et était bénéficiaire de la gratuité, de la grâce Royale de pouvoir être au noce du Prince Héritier.

Bien que la grâce a été accordée, il ne fallait pas oublier le contexte de cette invitation.

En fait, ce dernier invité, bien que gracié d'entrer au palais royal, n'a pas vraiment tenu compte des enjeux de la situation : c'était quand même le Roi qui les avait invité; pas un ministre, directeur,...

Cette convocation n'était pas dans un hôtel, une maison quelconque. C'était au palais royal. Vous vous imaginez !

En considération de tout ce qui a été énoncé, nous pouvons voir que cet invité n'a pas pris en compte le milieu, l'environnement dans lequel il était convié. On ne se rend pas à un palais royal habillé avec sa tenue de tous les jours et de surcroit on ne se présente pas devant un roi comme on veut.

Le roi est digne d'honneur. On n'a pas besoin de préciser « Tenue de Soirée exigée » quand on est convié à des noces royales. Le simple fait de savoir que c'est le roi et que c'est au palais royal que nous sommes attendus, nous oblige à avoir de la tenue et du respect.

N'est-il pas dit : « A tout Seigneur, Tout honneur »

Prière:

Seigneur, donne moi de toujours comprendre qu'à ta Seigneurie et Royauté sont rattachés des principes de soumission, de reconnaissance, d'obéissance. Incline mon cœur et laisse moi trembler à l'écoute de ta voix.

Moïse étant devenu grand...

« Par la foi, Moïse, étant devenu grand, refusa d'être appelé fils de la fille du Pharaon, choisissant plutôt d'être dans l'affliction avec le peuple de Dieu, que de jouir pour un temps des délices du péché, estimant l'opprobre du Christ un plus grand trésor que les richesses de l'Égypte » **(Hébreux 11 :24-26)**

N.B: Attention, au piège de la grandeur et de l'élévation.

La grandeur et l'élévation devant les hommes sont un grand piège. Moise avait la grandeur devant les hommes: grandeur physique et spirituelle. Il était promu au trône d'Egypte et faisait partie de la famille royale.

1) Moise, dans sa grandeur refusa le titre de sa grandeur : fils de la fille de Pharaon.

Toute grandeur appelle un titre ou des titres : le parrain ; l'aigle ; PDG ; l'incontournable ; Président,...

 Les titres sont temporaires et circonstanciels.

◻ **Les titres renforcent l'orgueil et favorisent le culte de la personnalité.**
◻ **Les titres amènent l'esprit de rébellion, d'indépendance.**

Moïse a refusé la tentation du titre. Nous aussi, nous pouvons refuser le piège de la « titromanie ».Nous pouvons dire «Non, aux titres ! ».

2) *Dans sa grandeur, il fit un choix* : être dans l'affliction avec le peuple de Dieu, que de jouir pour un temps des délices du péché.

Rien ne nous est imposé dans notre grandeur. Nous ne sommes pas obligés de faire certaines choses, dans notre grandeur. Nous aurons toujours le choix de faire ce qui est juste devant Dieu.

Moïse a choisi de se rabaisser dans sa grandeur.

En effet, la grandeur donne naissance à l'orgueil et à l'humilité. Il faut choisir. Moïse a choisi l'humilité en s'abaissant.

L'humilité est manifestée, lorsqu'on a le pouvoir et qu'on renonce à ce pouvoir. C'est celui qui a qui peut manifester l'humilité.

◻ **Nos choix d'aujourd'hui, détermineront notre vie de demain.**
◻ **Nos choix peuvent nous construire comme nous détruire.**
◻ **Nos choix devront être faits en fonction d'une vision. C'est la vision que nous avons reçu de Dieu qui nous pousse à faire certains de nos choix.**

Moïse a choisi l'opprobre temporaire du présent en vue de la gloire éternelle qui lui était réservée pour son futur.

Et vous que choisissez-vous ?

Souviens-toi, lorsque tu étais petit à tes yeux... »

Textes: 1 Samuel 9: 17-21; 1 Samuel 10:1; 1Samuel 15:17

Nous avons souvent l'habitude de prier Dieu et de lui rappeler ses paroles, ses promesses. Nous réveillons sa mémoire et le mettons devant ses responsabilités. A travers le message de ce jour, c'est à lui de réveiller notre mémoire et de nous dire : « souviens-toi ....lorsque tu étais petit à tes yeux ».

Le mot clé ici est le concept « petit »

Petit: **Quaton** (hébreu) = Insignifiant, sans importance, faible, moindre...

La Bible ne dit pas « quand tu étais petit à mes yeux », mais « à tes yeux ».

Le verbe utilisé ici est au passé « tu étais »: il s'agit de notre passé, de notre histoire (récit des événements passés)

= Souviens toi de ton histoire .Tu étais quelque part et Dieu t'a pris dans ce quelque part.

Cf: l'âne du village, La reine Vasthi, Esther, Mephibocheth, Saül, David, Salomon

« Petit à tes yeux » = C'est l'image, la perception que nous avions de nous suite à des situations, évènements, des circonstances, des échecs, problèmes. Toutes ces réalités ont développé en nous des complexes et des préjugés.
Notre vie n'avait pas vraiment d'importance, de valeur. Il n' y avait pas vraiment de bonnes choses qui s'y passaient.

« Petit à tes yeux » = C'est notre problème de considération, d'appréciation de soi d'estime de soi.

A propos, qu'est ce qui rabaisse l'estime de l'homme ?

Nos manques de performances : résultat obtenu, exploit, prouesses

Nos incompétences: inaptitude, incapacité,
Insuffisance, inexpérience

Nos échecs: défaites, insuccès, faillite, fiasco

Nos déceptions: chagrin, désenchantement, désillusion, désappointement

Nos faiblesses: manque de force, défaillance, infirmité, failles, fragilités

Notre apparence: aspect d'une chose, ce que l'on voit

Qu'est ce que Dieu a fait pour nous ?

« Tu es devenu le chef... »

Chef : **Roshe** (hébreu) = tête, principal, meilleur, premier, partie supérieure, de choix.

Il nous a choisi sans tenir compte de notre état, condition, de nos difficultés, nos performances, nos préjugés, de notre petitesse, de notre apparence, notre incompétence, notre niveau social, notre nationalité, ...

Il nous a établi et donné une nouvelle position et un nouveau statut :**Fils et fille de Dieu, Heritiers de Dieu,Membre de la famille de Dieu, Ambassadeur pour le Royaume de Dieu terre (ses envoyés, ses missionnaires,…)**

Prière:

Père céleste, en dépit de tout ce qui peut bien arriver dans ma vie comme gloire, je te prie de garder toujours mon cœur reconnaissant vis à vis de toi. Aide moi, chaque jour à ne jamais oublier que tu es la source de toutes mes ressources.

Dieu se souvient toujours de Bethlehem

Texte de base : Ruth 1 : 1-7

« Du temps des juges, il y eut une famine dans le pays. Un homme de Bethléhem de Juda partit, avec sa femme et ses deux fils, pour faire un séjour dans le pays de Moab.

Le nom de cet homme était Élimélec, celui de sa femme Naomi, et ses deux fils s'appelaient Machlon et Kiljon; ils étaient Éphratiens, de Bethléhem de Juda. Arrivés au pays de Moab, ils y fixèrent leur demeure.

Élimélec, mari de Naomi, mourut, et elle resta avec ses deux fils.

Ils prirent des femmes Moabites, dont l'une se nommait Orpa, et l'autre Ruth, et ils habitèrent là environ dix ans.

Machlon et Kiljon moururent aussi tous les deux, et Naomi resta privée de ses deux fils et de son mari.

Puis elle se leva, elle et ses belles-filles, afin de quitter le pays de Moab, car elle apprit au pays de Moab que l'Éternel avait visité son peuple et lui avait donné du pain.

Elle sortit du lieu qu'elle habitait, accompagnée de ses deux belles-filles, et elle se mit en route pour retourner dans le pays de Juda.
Naomi dit alors à ses deux belles-filles: Allez, retournez chacune à la maison de sa mère! Que l'Éternel use de bonté envers vous, comme vous l'avez fait envers ceux qui sont morts et envers moi! »

Cette merveilleuse histoire de l'ancien Testament, du temps des juges, nous révèle beaucoup de vérités spirituelles qui nous aideront, nous chrétiens du 3ème millénaire à mieux vivre notre chrétienté. Nous allons comprendre, au travers de ce récit, le mystère caché derrière les ou la Promesse de Dieu.
D'entrée de jeu, il est important de saisir cette vérité : la foi qui sauve et qui nous fait vivre est suscitée, voire générée par la parole de Dieu.

« Ainsi la foi vient de ce qu'on entend, et ce qu'on entend vient de la parole de Christ (Romains 10 : 17) ».

C'est la parole de Dieu, fondement de toute chose, qui est à l'origine de tout. L'univers a été créé par elle et toute chose subsiste par elle. Elle est au commencement de tout et rien n'a été fait sans elle. En elle, se trouvent la volonté et les promesses de Dieu.

La promesse étant une parole de motivation ou d'encouragement en vue de susciter une action, une attitude, un comportement, un résultat. Ainsi, lorsqu'il y a une promesse, il devrait s'y joindre l'Espérance. En effet, l'espérance seule n'existe pas. Elle est toujours motivée par une Parole. Cette parole peut être une

bonne nouvelle ; un complément d'information sur un sujet,…
On espère toujours sur la base de quelque chose.

Au regard de ce qui vient d'être énoncé, l'histoire de la famille d'Elimelec va donc beaucoup nous instruire sur le sujet de la promesse et de l'espérance.

I-Au commencement était la Parole.

Au commencement de cette histoire, on nous situe son époque au verset 1 « Du temps des juges ».On nous présente également le nom et le lieu de résidence de l'acteur principal : Elimelec de Bethlehem de Juda.

a)Elimelec

Le nom de notre acteur principal veut dire : Celui dont l'Eternel est Roi ou L'Eternel est le Roi. Quel nom prophétique ! Avoir le privilège de porter un nom avec la racine hébraïque de Dieu « EL » était un grand privilège, tout de même. Nous reviendront plus tard sur la valeur de ce nom.

b)Bethlehem

Bethlehem était elle aussi une ville prophétique. Elle avait une destinée que nous découvrons dans Michée 5 :1 (Parole Vivante) :

« Le SEIGNEUR dit: «Et toi, Bethléem Éfrata, tu es un petit village parmi ceux des clans de Juda. Pourtant, celui qui doit gouverner Israël, je le ferai sortir de chez toi. Il appartient à une famille très ancienne».
Mes amis, Bethlehem était une ville qui était issue d'une des tribus d'Israël : Juda. Juda comme tous les fils de Jacob avait reçu un ensemble de Paroles de bénédiction concernant son avenir. En effet, arrivé à la fin de ses jours sur terre, le

Patriarche d'Israël reçu une onction prophétique qui lui permis d'annoncer clairement la destinée de chacun de ses enfants. Celle de Juda, est révélée au chapitre quarante-neuf, verset neuf :

« Juda, mon fils, tu es comme un jeune lion qui a mangé une bête et qui revient dans son abri. Le lion s'assoit, il se couche. Qui peut l'obliger à se lever?
Le pouvoir royal restera dans la famille de Juda. Le bâton des chefs restera dans la main de ceux qui naîtront de lui. Il y restera jusqu'à l'arrivée de son véritable propriétaire, c'est à lui que les peuples obéiront.
Il attachera son âne à la vigne, il attachera son ânon au meilleur plant. Il lavera son vêtement dans le vin, sa chemise dans le jus de raisin.
Ses yeux brilleront à cause du vin, ses dents seront blanches à cause du lait ».

Au regard de ces passages, nous découvrons un élément important dans la destinée de Juda : l**es rois d'Israel sortiraient de Juda**. Juda était donc la tribu royale d'Israël. Prophétiquement, cette prophétie de Jacob annonçait d'avance la venue et le règne du Messie.

Pour revenir à Bethlehem, elle avait le privilège de faire partie de l'une des villes de cette tribu. On pourrait dire que Bethlehem était aussi une ville royale et qu'elle avait reçu en particulier une promesse sur son devenir.
D'abord, il est important de savoir que la signification juive du nom Bethlehem veut dire : la maison du Pain, la résidence du pain, le lieu où l'on trouve le pain.
Souvenez-vous du passage que nous avons lu un peu plus haut concernant la prophétie de Michée :

« Et toi, Bethléem Éfrata, tu es un petit village parmi ceux des clans de Juda. Pourtant, celui qui doit gouverner Israël, je le ferai sortir de chez toi. Il appartient à une famille très ancienne ».

Bien qu'étant la plus petite ville de Juda, Bethlehem était en outre, le lieu prophétique ou les autres tribus d'Israël et les nations alentours pourront trouver du pain. Oui! Le pain véritable qui donne la vraie vie viendrait de cette ville.

La destinée de Bethlehem était donc scellée par son identité, c'est-à-dire son nom : la maison du pain. En un mot, Dieu a pris un engagement solennelle de faire de cette ville la résidence du Pain qui donnera un jour la vie à toute l' humanité.

II – Le test de Dieu

Mes amis, jusqu'à présent tout se passe bien. Nous avons affaire à un homme dont l'Eternel est le roi, originaire de la tribu royale d'Israël et habitant la ville prophétique d'où naîtrait le pain venu du ciel : Jésus Christ de Nazareth.
Qu'as-tu reçu de Dieu concernant ton avenir et ton devenir ? Y a-t-il une parole, une promesse que tu as reçu de Dieu dans un domaine bien précis de ta vie ? Qu'est ce que Dieu dit à ton sujet ?

Mes amis, ce n'est pas le fait d'avoir reçu une promesse de Dieu qui nous intéresse dans cette étude, mais plutôt comment continuer à croire à sa véracité quel que soit les orages et tempêtes.

En effet, dans notre récit, nous constatons qu'un jour un événement inattendu va bouleverser le cours de la vie des habitants de Bethlehem : **la famine.**

La famine est un manque de vivres dans un pays ou une région. Parmi les indicateurs qui attestent vraiment la famine, nous avons l'absence de pain et d'eau. Lorsqu'un pays ou une ville manque de pain et d'eau, c'est qu'il y a vraiment une crise.

Et bien, c'est un peu ce qui s'est passé à Bethlehem du temps d'Elimelec. Après avoir été dans l'abondance, la ville royale a manqué du pain. Cela peut paraître contradictoire pour une ville qui était censée être la demeure permanente du pain (La Maison du Pain).

On serait tenté de se poser un certain nombre de question à ce sujet : Dieu se serait-il trompé dans la prophétie concernant Bethlehem ? Avait-il fait une erreur en déclarant qu'elle est et sera la « Maison du Pain » ? Comment la promesse ne s'est-elle pas accomplie ? Dieu aurait-il rejeté cette ville et détourné son regard ?

De toutes ses interrogations, nous répondrons par un « Non ».Non ! Non ! Non !

Mes amis, la parole qui sort de la bouche de Dieu est vérité. Lorsqu'elle est libérée elle ne peut revenir à Dieu sans avoir accompli sa volonté. Il est écrit à cet effet :

«La pluie et la neige tombent du ciel. Elles n'y retournent pas sans produire un résultat: elles arrosent la terre, elles la rendent fertile et font pousser les graines. Ainsi, elles donnent des graines à semer et de la nourriture à manger.
De la même façon, la parole qui sort de ma bouche ne revient pas vers moi sans résultat: elle réalise ce que je veux, elle accomplit la mission que je lui ai confiée.» **Esaïe 55 :10-11(Parole de Vie)**

« Car c'est une prophétie dont le temps est déjà fixé, Elle marche vers son terme, et elle ne mentira pas; Si elle tarde, attends-la, Car elle s'accomplira, elle s'accomplira certainement ». **Habacuc 2 :3 (Louis Segond)**

« Les choses que je te fais voir arriveront, mais seulement au moment fixé. Elles vont bientôt se réaliser, ce n'est pas un mensonge. Attends avec confiance, même si c'est long. Oui, c'est sûr, elles arriveront sans retard ». **Habacuc 2 :3 (Parole de Vie)**

Ces passages de l'Ecriture nous révèlent la fidélité de Dieu à sa Parole. Oui ! Dieu est fidèle à sa Parole. Dieu ne parle pas pour le plaisir de parler. Lorsqu'il parle c'est pour un but bien précis.

Mais, alors, serions-nous tenter de dire: *« si Dieu ne parle pas en vain. Pourquoi, sa parole à mon sujet tarde-t-elle ? Pourquoi, je ne vois pas encore ce qu'il m'a dit ? Cela fait plus de X temps que j'attends la réalisation de la promesse, mais en vain. On avait prophétisé au sujet de mon mariage, ma réussite, mon élévation, mon voyage, l'obtention de mon visa. Mais depuis, rien n'a changé. C'est le statu quo ».*

Il y a tant de « Pourquoi », au milieu des enfants de Dieu. Humainement parlant, nous pourrions justifier tous nos pourquoi. Mais, nous nous abstiendrons de le faire. Car, en Christ notre vie ne dépend plus des circonstances et de la logique.

Nous faisons partie de la classe de ceux qui vivent non pas en fonction de ce qu'ils voient, mais en fonction de ce qu'ils croient. Cette croyance des vérités au sujet de Dieu et de ses promesses, c'est ce qu'on appelle vulgairement avoir la foi.

Cependant, avoir la foi n'est pas théorique. La foi en Dieu et en sa Parole à notre sujet se démontre. C'est pourquoi, Dieu nous aide afin que nous puissions lui montrer les preuves de notre confiance, au travers des épreuves.

A ce sujet, un homme de Dieu a dit un jour que les épreuves sont un langage de Dieu qui veut tout simplement nous dire : **Prouve-moi ce que tu confesses à mon sujet ...**

Mes amis, l'Eternel Dieu que nous servons ne se laisse pas influencer par nos paroles. Il sait très bien que nos paroles ne sont pas toujours des indicateurs fiables de notre attachement à lui. Il sait que l'homme a un gros problème dans la manifestation de sa foi. Car, la foi se manifeste par des œuvres, par un comportement, une attitude,...
Oui! S'il y a un langage que Dieu trouve plus crédible c'est celui des œuvres de notre foi et non celui la multitude de nos propos et confessions.

Pour voir les preuves de la foi d'Elimelec, Dieu a suscité la famine à Bethlehem. Cette famine était le test de Dieu. Un test qui révélerait si les habitants de cette ville continueraient à croire à la promesse qui était suspendu sur elle. Aussi, cette famine était aussi un moyen de sélection pour reconnaître les vrais fidèles de l'Eternel.

Mes amis, c'est tout a fait légitime de la part du Très Haut de nous éprouver, d'être rassuré de notre sincérité et de voir jusqu'où nous pouvons payer le prix de notre consécration.

Sommes-nous des chrétiens « Girouettes » qui vacillent à n'importe quel vent, comme des roseaux ? Sommes-nous plutôt des « chrétiens Hippopotames » qui sont conscient de leur potentiel et qui sont confiant, sans crainte, face à l'adversité et aux torrents de la vie ?

Pour revenir à la famine de Bethlehem, cela faisait partie de la volonté permissive de Dieu. Dans sa souveraineté, Dieu est libre de faire ce que bon lui semble. Toutefois, ne pouvant renier son caractère du Dieu d'amour, il accompli toute chose sur la terre avec pour but final de faire du bien à sa créature.

N'est-il pas écrit en effet, que « toutes choses concourent au bien de ceux qui aiment Dieu ».Une autre version de la Bible dit : *« **Toutes choses travaillent ensemble pour nous faire du bien** »*.

III- L'épreuve de Joseph

Mes amis, L'histoire de Joseph, nous démontre à suffisance comment des situations fâcheuses et pas agréables ont pu être utilisées par Dieu pour faire du bien à ses serviteurs.

Joseph avait reçu une promesse de Dieu au sujet de son futur qui serait glorieux. Les songes qu'il avait reçus n'étaient pas le fruit de son imagination. Dieu était bel et bien l'auteur de ses rêves. Sans aucun doute ils venaient du Très Haut.

Cependant, Joseph, à l'instar de Bethlehem va vivre des situations qui vont sembler contredire la révélation de sa destinée. Il sera méprisé et rejeté par ses propres frères, vendu comme esclave, déporté dans une terre étrangère, faussement accusé, jeté en prison.

Avec une succession de tels événements comment continuer à croire que la promesse de régner un jour et avoir une position d'autorité se réalisera-t-elle. Comment ne pas se poser des questions si réellement ce que l'on a reçu vient de Dieu ou de nous-même. Pourtant, il est clair que Dieu n'oublie pas ses promesses.

«La pluie et la neige tombent du ciel. Elles n'y retournent pas sans produire un résultat: elles arrosent la terre, elles la rendent fertile et font pousser les graines. Ainsi, elles donnent des graines à semer et de la nourriture à manger.
De la même façon, la parole qui sort de ma bouche ne revient pas vers moi sans résultat: elle réalise ce que je veux, elle accomplit la mission que je lui ai confiée.» (Esaïe 55 : 10)

Mes amis, sachons une chose très importante. Dieu travaille dans nos vies avec le principe de « la fin d'une chose vaut mieux que son commencement ».

Dans sa vision, Dieu nous voit tel que nous serons et non tel que nous sommes aujourd'hui. N'a-t-il pas vu en Jérémie un grand prophète des nations, alors que ce dernier revendiquait ses craintes et son jeune âge. N'a-t-il pas vu en Gédéon un vaillant héros, alors que ce dernier se considérait comme un zéro. N'a-t-il pas vu en Simon, un homme stable comme le roc, tandis que ce dernier faisait montre d'une très grande instabilité, à l'image du roseau ballotté par les différents vents.

Mes amis, notre présent n'est pas notre destination finale. Ce que nous sommes aujourd'hui, n'est pas notre terminus .

Nous sommes comme de l'argile dans la main du grand Potier. Il travaille en nous, sur nous, en vue de nous façonner selon la pensée, l'image qu'il avait déjà arrêtée dans le ciel, avant la fondation du monde.

Tout ce que nous savons, c'est qu'il a déjà tracé le fil conducteur de notre vie. Il déclare au sujet de notre avenir qu'il est plein d'espérance.

*« Oui, moi, le SEIGNEUR, je connais les projets que je forme pour vous. Je le déclare: ce ne sont pas des projets de malheur mais des projets de bonheur. Je veux vous donner un avenir plein d'espérance. » **(Jérémie 29 : 11)***

Le fait qu'il y ait de l'espérance pour notre avenir, sous-entend qu'il y a des promesses ou une promesse attachée à notre vie. Car, il n'y a pas d'espérance sans promesse. C'est la promesse qui crée l'espérance. Oui! On espère toujours quelque chose à venir.

La vraie Espérance concerne toujours le futur. Or, qui dit futur, dit avenir. C'est pourquoi, on n'espère pas dans le néant, mais au sujet de quelque chose de concret, de fiable.
De plus, la promesse faite par un homme fidèle ne peut que nous motiver à espérer davantage et à être beaucoup plus confiant pour notre lendemain.
Jésus Christ n'est –il pas le Témoin Fidèle ? N'est –il pas le Fidèle et le Véritable ? (Apoc.19 :11)

IV- Les dangers de l'impatience

N'ayant pas compris le sens de la famine de sa ville d'origine, Elimelec est parti avec toute sa famille chercher le pain ailleurs. Malheureusement pour lui, ce n'est pas le pain qu'il a trouvé. C'est plutôt la mort. Ses deux fils, de même, ont péri dans leur quête du pain. Quelles leçons pouvons-nous tirer à ce sujet ?

Le problème majeur d'Elimelec, c'est qu'il n'a pas pu attendre et patienter, jusqu'à ce que Dieu visite de nouveau son peuple. Habakuk 2:3 nous dit :

« Car c'est une prophétie dont le temps est déjà fixé, Elle marche vers son terme, et elle ne mentira pas; Si elle tarde, attends-la, Car elle s'accomplira, elle s'accomplira certainement. » (Louis Segond)

« Les choses que je te fais voir arriveront, mais seulement au moment fixé. Elles vont bientôt se réaliser, ce n'est pas un mensonge. Attends avec confiance, même si c'est long. Oui, c'est sûr, elles arriveront sans retard. » (Parole De Vie)

Il est écrit également, que l'épreuve de notre foi doit produire la patience (Jacques 1:3-4).

« Mes frères, regardez comme un sujet de joie complète les diverses épreuves auxquelles vous pouvez être exposés, sachant que l'épreuve de votre foi produit la patience.
Mais il faut que la patience accomplisse parfaitement son œuvre, afin que vous soyez parfaits et accomplis, sans faillir en rien ».

Non seulement Elimelec a manqué de patience, mais il a choisi d'aller trouver son confort dans un pays sous la malédiction : le pays de Moab.

Pour ceux qui l'ignorent, les moabites sont les fils du fruit de l'inceste de Lot et de ses deux filles. Vous pouvez lire cette histoire dans Genèse 19 :30 :

« Lot quitta Tsoar pour la hauteur, et se fixa sur la montagne, avec ses deux filles, car il craignait de rester à Tsoar. Il habita dans une caverne, lui et ses deux filles.
L'aînée dit à la plus jeune: Notre père est vieux; et il n'y a point d'homme dans la contrée, pour venir vers nous, selon l'usage de tous les pays.
Viens, faisons boire du vin à notre père, et couchons avec lui, afin que nous conservions la race de notre père.
Elles firent donc boire du vin à leur père cette nuit-là; et l'aînée alla coucher avec son père: il ne s'aperçut ni quand elle se coucha, ni quand elle se leva.
Le lendemain, l'aînée dit à la plus jeune: Voici, j'ai couché la nuit dernière avec mon père; faisons-lui boire du vin encore cette nuit, et va coucher avec lui, afin que nous conservions la race de notre père.
Elles firent boire du vin à leur père encore cette nuit-là; et la cadette alla coucher avec lui: il ne s'aperçut ni quand elle se coucha, ni quand elle se leva.
Les deux filles de Lot devinrent enceintes de leur père.
L'aînée enfanta un fils, qu'elle appela du nom de Moab: c'est le père des Moabites, jusqu'à ce jour. La plus jeune enfanta aussi un fils, qu'elle appela du nom de Ben-Ammi: c'est le père des Ammonites, jusqu'à ce jour ».

Les Moabites étaient un peuple sous la malédiction, ennemis des fils d'Abraham. Ce n'était pas une bonne idée, pour Elimelec, d'aller chercher le secours auprès des ennemis de son peuple. Cette erreur lui a coûté très cher.

Mes amis, dans notre impatience nous aurons certainement la tentation de trouver des solutions en dehors de Dieu. Dans le souci de vite faire les choses, nous irons chercher le secours auprès de ceux qui sont encore sous la malédiction de la Loi et du Péché. Sachons qu'en faisant ainsi, nous allons déclencher nous-même la bombe à retardement de notre destruction.

Si nous voulons continuer à vivre, alors ne regardons pas au pays de Moab, mais gardons nos yeux fixés sur Bethlehem, sur celui qui a fait la promesse. Car, c'est à Bethlehem que la promesse du Messie-Libérateur a été faite.

Le SEIGNEUR dit: «Et toi, Bethléem Éfrata, tu es un petit village parmi ceux des clans de Juda. Pourtant, celui qui doit gouverner Israël, je le ferai sortir de chez toi. Il appartient à une famille très ancienne.» **(Parole de Vie)**

Et toi, Bethléhem Ephrata, Petite entre les milliers de Juda, De toi sortira pour moi Celui qui dominera sur Israël, Et dont l'origine remonte aux temps anciens, Aux jours de l'éternité. **(L.Segond)**

V- Dieu et le Temps

« Mais quand **le moment décidé par Dieu est arrivé**, *Dieu a envoyé son Fils. Il est né d'une femme et il a vécu sous la loi de Moïse. Il est venu pour rendre la liberté à ceux qui vivent sous la loi, et pour faire de nous des enfants de Dieu* ». Galates 4 :4-5

« *Car* **c'est une prophétie dont le temps est déjà fixé**, *Elle marche vers son terme, et elle ne mentira pas; Si elle tarde, attends-la, Car elle s'accomplira, elle s'accomplira certainement* ». Habakuk 2 :3

Ce que bon nombre de chrétien oublie souvent c'est que le Dieu qu'il prie opère, agit avec le temps. Tout ce qu'il fait dans son plan est soumis à la loi du temps. Loi que l'homme d'aujourd'hui n'accepte pas toujours.

Il suffit de voir dans notre quotidien, comment les gens se comportent lorsqu'ils attendent leur tour au guichet d'une banque, avant de payer leurs courses au supermarché, en attendant un bus ou taxi.

Le constat fait, c'est que pour la plupart d'entre eux, les humeurs changent et les attitudes aussi. Nous pouvons voir l'impatience se manifester par des grands soupirs répétés. Ce qui fait qu'après une certaine attente, d'aucuns repartent chez eux en maugréant.

D'une manière ou d'une autre, nous avons tous été confrontés à ce genre de situation et de réaction. Ne voyez-vous pas les automobilistes. Pour bien voir l'impatience de l'être humain, il nous suffit de regarder le trafic routier pour en avoir la preuve irréfutable.

En définitive de tout ce qui a été dit plus haut, l'homme par nature « corrompue » est une créature qui ne supporte plus d'attendre. Il est impatient. C'est justement dans cette impatience qu'il fait beaucoup plus d'erreurs et d'accidents. L'histoire d'Elimelec nous le montre si bien. Son impatience lui a coûté sa vie.

Mes amis, notre impatience nous coûtera très chère. Tellement chère qu'aucune solution humaine ne pourra y remédier, sinon l'intervention de Dieu seul.

Un homme de Dieu a dit : « le temps est l'ennemi de l'homme, mais l'ami de Dieu ».

C'est vrai, l'homme n'a aucune maîtrise de ce qui va se passer dans les prochaines minutes ou heures de sa vie. Il subit le temps. Par contre, Dieu est maître des temps et des circonstances. Il a la capacité de faire avancer comme reculer le temps.

Dieu est Eternel. Cependant, il travaille avec le temps et il a établi des lois que nous appelons les lois du temps. L'homme vivant sur terre est dans l'espace temporaire ou des principes et lois régissent le bon ordre, la bonne harmonie des choses.

Remarquez un peu le mystère du jour et de la nuit, du cycle des saisons, de la naissance,…Pour passer à une autre étape, il faut qu'un espace-temps puisse s'écouler pour permettre la venue d'un nouvel état, d'une nouvelle condition.

VI- La fidélité de Dieu

« Un jour, toujours dans le pays de Moab, Noémi apprend cette nouvelle: le SEIGNEUR a montré sa bonté pour son peuple en lui donnant de bonnes récoltes. » (Ruth 1 : 6- Parole de Vie)
« Puis elle se leva, elle et ses belles-filles, afin de quitter le pays de Moab, car elle apprit au pays de Moab que l'Eternel avait visité son peuple et lui avait donné du pain. » (Ruth 1:6-Louis Segond)

Le Verset 6 du Chapitre 1 du Livre de Ruth est libérateur. Libérateur, parce qu'il nous révèle l'infinie bonté de Dieu. Contrairement à ce qu'on pensait au sujet de Bethlehem, L'Eternel s'est souvenu d'elle. La circonstance qu'était la famine ne pouvait en aucun cas annuler la promesse de Dieu. La promesse était beaucoup plus importante que la circonstance. Car, Dieu regarde à sa parole, aux promesses qui y sont mentionnées. Son regard se porte et se portera toujours sur ce que sa bouche a déclaré.

Le SEIGNEUR m'a dit: «Tu as bien vu. En effet, je veille à réaliser ce que j'ai dit.» (Jérémie 1 :12 –Parole de Vie).

« L'Eternel me dit: Tu as bien vu; car je veille sur ma parole, pour l'exécuter. » (Jérémie 1 :12- Louis Segond)

Mes amis, Dieu est fidèle à sa Parole et à son alliance. Nous pouvons quelque fois penser que les différentes situations fâcheuses de nos vies sont le résultat de l'abandon de Dieu. Nous avons l'impression que Dieu nous a oublié. Pourtant, il est écrit :

« Bien que tu dises que tu ne le vois pas, Ta cause est devant lui: attends-le! »(Job 35 :14)

« O Eternel! tu es mon Dieu; Je t'exalterai, je célébrerai ton nom, Car tu as fait des choses merveilleuses; Tes desseins conçus à l'avance se sont fidèlement accomplis.» **Esaïe 25 :1**

Je le louerai encore

Textes : Psaumes 42

« Au chef des chantres. Cantique des fils de Koré. (42:2) Comme une biche soupire après des courants d'eau, Ainsi mon âme soupire après toi, ô Dieu!

Mon âme a soif de Dieu, du Dieu vivant: Quand irai-je et paraîtrai-je devant la face de Dieu?

Mes larmes sont ma nourriture jour et nuit, Pendant qu'on me dit sans cesse: Où est ton Dieu?

Je me rappelle avec effusion de coeur Quand je marchais entouré de la foule, Et que je m'avançais à sa tête vers la maison de Dieu, Au milieu des cris de joie et des actions de grâces D'une multitude en fête.

Pourquoi t'abats-tu, mon âme, et gémis-tu au dedans de moi? Espère en Dieu, car je le louerai encore; Il est mon salut et mon Dieu.

Mon âme est abattue au dedans de moi: Aussi c'est à toi que je pense, depuis le pays du Jourdain, Depuis l'Hermon, depuis la montagne de Mitsear.

Un flot appelle un autre flot au bruit de tes ondées; Toutes tes vagues et tous tes flots passent sur moi.

Le jour, l'Éternel m'accordait sa grâce; La nuit, je chantais ses louanges, J'adressais une prière au Dieu de ma vie.

Je dis à Dieu, mon rocher: Pourquoi m'oublies-tu? Pourquoi dois-je marcher dans la tristesse, Sous l'oppression de l'ennemi?

Mes os se brisent quand mes persécuteurs m'outragent, En me disant sans cesse: Où est ton Dieu?

Pourquoi t'abats-tu, mon âme, et gémis-tu au dedans de moi? Espère en Dieu, car je le louerai encore; Il est mon salut et mon Dieu ».

Ce psaume est celui des fils de Koré. Au travers de celui-ci nous constatons que ces derniers ont exprimés sans masque leurs sentiments à l'égard de ce qui se passait dans leur vie.

A titre de rappel, nous tenons à dire que les Psaumes font partie des livres de Poésie de la Bible. Ces livres (Psaumes, Proverbes, Ecclésiastes) mettent l'accent sur les émotions, les sentiments du cœur humain face aux différentes circonstances de la vie.

Les Fils de Koré, auteurs de ce psaume étaient des lévites consacrés au service et qui œuvraient dans le temple de Dieu. La louange, ils avaient l'habitude de la vivre dans leurs différents services dans le temple de l'Eternel.

Cependant, il est arrivé un jour où ces derniers ont eu l'impression que Dieu les avait oubliés. Ce sentiment d'abandon s'est certainement manifesté par le silence divin.

En effet, ne vous est-il jamais arrivé d'avoir l'impression que Dieu était comme ignorant et insensible à votre situation ?

1-Le sommeil de Dieu

Combien déjà ne sont-ils pas dérangé, consterné, choqué de lire un tel titre. D'aucuns, pense peut être que nous sommes ignorant de la Parole de Dieu qui dit dans le Psaumes 121 : 4-5 :

« Non, il ne ferme pas les yeux, il ne dort pas, le gardien d'Israël.
Le SEIGNEUR est ton gardien, le SEIGNEUR te protège, il est auprès de toi. »
(Parole de Vie)
« Voici, il ne sommeille ni ne dort, Celui qui garde Israël.
L'Eternel est celui qui te garde, L'Eternel est ton ombre à ta main droite. » **(Louis Segond)**

Comme nous pouvons le constater, la vérité c'est ce qui est révélé dans ces passages. Du Côté de Dieu, il n'y a rien à dire à ce sujet : **« Il ne sommeille, ni ne dort ».**

Mais alors, diriez-vous où est le problème ?

Mes amis, comme vous pouvez le constater, le problème n'est pas au niveau de Dieu, mais plutôt de l'homme. La vérité à ce sujet ne change pas. L'homme étant une créature qui marche selon ses sens. Il considère plutôt la réalité que ses cinq sens lui communiquent. C'est cette réalité qui l'amène à penser des fois que son Dieu dort, à l'instar de Baal (1 Rois 18).

Oui ! Pour beaucoup de Chrétiens, Dieu dort. Il sommeille et ne les garde plus comme auparavant. C'est pourquoi, c'est la panique totale, lorsque des vents contraires, à leurs espérances, soufflent dans leur vie.

Ce sujet est très délicat, mais aussi très profond. En effet, il nous est rapporté un fait similaire dans le livre de Marc 4 : 35-41.

« Ce même jour, sur le soir, Jésus leur dit: Passons à l'autre bord.
Après avoir renvoyé la foule, ils l'emmenèrent dans la barque où il se trouvait; il y avait aussi d'autres barques avec lui.

Il s'éleva un grand tourbillon, et les flots se jetaient dans la barque, au point qu'elle se remplissait déjà.

Et lui, il dormait à la poupe sur le coussin. Ils le réveillèrent, et lui dirent: Maître, ne t'inquiètes-tu pas de ce que nous périssons ?

S'étant réveillé, il menaça le vent, et dit à la mer: Silence! tais-toi! Et le vent cessa, et il y eut un grand calme.

Puis il leur dit: Pourquoi avez-vous ainsi peur ? Comment n'avez-vous point de foi ? »

Ce passage nous présente un événement survenu dans la vie des Apôtres de l'agneau. Dans cette histoire, Jésus Christ est celui qui a pris l'initiative qu'ils puissent, ses disciples et lui, aller de l'autre côté de la rive.

En cours de chemin, la Bible nous révèle qu'une tempête va se lever et la barque dans laquelle ils se trouvaient commencera à chavirer. Entre temps, pendant que tous ces évènements vont se produire, Jésus Christ, tranquillement, est en train de dormir. Cela nous rappelle étrangement le naufrage du bateau en partance pour Tarsis dans le livre du prophète Jonas (Jonas 1 :4-6).

Mes amis, pendant que le bateau faisait naufrage, Jonas dormait paisiblement au fond du navire. Jonas à l'image du Seigneur Jésus Christ était la solution du problème. Mais, voyez-vous, celui qui est censé apporter la solution, la paix, le calme, au lieu d'intervenir à l'instant T, a plutôt opté pour la solution D : dormir.
On pourrait être choqué par l'attitude de Jésus Christ. Mais, loin de nous de l'être et de condamner son sommeil ou l'accuser d'être insensible, indifférent à cette situation de détresse.

Mes amis, il arrive en effet, que Dieu semble être endormi comme Jésus Christ l'était, lors de cette tempête. Pourtant, lui qui avait « toute la plénitude de la divinité », ne savait-il pas, dans son omniscience, qu'une tempête se déchaînerait sur leur barque. Bien sûr qu'il le savait. Mais alors, me diriez-vous, s'il le savait, pourquoi dormait il ? Pourquoi n'a-t-il pas fait en sorte qu'ils prennent la mer un autre jour ou à un autre moment ?

Mes amis, nous comprenons au travers de cette histoire que la réalité des événements de notre quotidien n'influence en aucun cas Dieu. Il reste imperturbable. En outre, il permet ces événements dans nos vies pour nous permettre d'une part de mettre en pratique notre foi et de l'autre, d'avoir la révélation de Dieu.

Jésus Christ a besoin de nos réalités pour se révéler. La Vérité, c'est que les verdicts humains, naturels, scientifiques ne sont pas pour Dieu une fin en soi. Dieu ne voit pas ce que nous voyons.

A la mort de Lazare de Béthanie, Jésus Christ a considéré cette mort comme un sommeil. Oui! L'Eternel notre Dieu, n'appelle pas les choses comme nous. Il ne considère pas les événements douloureux qui arrivent dans nos vies, comme nous. La fatalité n'existe pas chez lui. Rien n'est éternel sinon lui-même. Rien de cette vie ne l'effraie. Devant lui tout s'abaisse, tout s'aplanit et tout genou fléchisse dans le ciel et sur la terre. Alléluia !!

Les Fils de Koré ont effectivement traversé des moments difficiles qui rappellent un peu le sommeil de Dieu (Psaume 42 :4, 10-11)

Jour et nuit, je passe mon temps à pleurer, car on me dit sans arrêt: «Et ton Dieu, que fait-il?»
« Mes os se brisent quand mes persécuteurs m'outragent, En me disant sans cesse: Où est ton Dieu ? »
Je dis à Dieu, mon rocher: Pourquoi m'oublies-tu? Pourquoi dois-je marcher dans la tristesse, Sous l'oppression de l'ennemi?

Ce qui est encourageant avec eux, c'est qu'ils se sont fortifiés et ont gardé l'espérance quant à leur avenir avec Dieu. Écoutons-les à ce sujet :

« Pourquoi t'abats-tu, mon âme, et gémis-tu au dedans de moi? Espère en Dieu, car je le louerai encore; Il est mon salut et mon Dieu. » Versets 6 et 12.

Prière :

« *Non, je ne mourrai pas, je vivrai, pour raconter les actions du SEIGNEUR. Oui, le SEIGNEUR m'a bien corrigé, mais il ne m'a pas laissé mourir!* »

La contradiction de la foi de Marthe

Texte : Jean 11 : 17-27

Dans ce récit, il est question de Marthe, sœur de Marie. La situation ou la circonstance contraire, c'est la maladie puis la mort de son frère Lazare. La scène se déroule à Béthanie.

Un jour, Lazare, frère de Marthe et Marie va tomber gravement malade. La nouvelle de cette maladie va être transmise à Jésus Christ qui ne bougera pas d'un doigt pour vite se rendre à Béthanie afin de guérir son ami. En effet, Jésus Christ était bel et bien l'ami de la famille. Marthe le savait et elle le croyait fermement. D'ailleurs, en envoyant la nouvelle de la maladie de leur frère, elle et sa sœur ont tenu à préciser : « voici, celui que tu aimes est malade » (Jean 11 :3).

Nous allons donc voir au travers de ce message la croyance contradictoire de Marthe.

I- La Croyance de Marthe

1- Marthe et sa sœur Marie étaient consciente et convaincu que Jésus Christ aimait leur frère. Comme bon nombre de chrétien aujourd'hui qui ne doute et ne conteste pas l'amour de Dieu dans leur vie.

2- Marthe croyait au pouvoir miraculeux, à la toute-puissance de Jésus. Car, d'après ses propos au verset 21 : « ….si tu avais été ici, mon frère ne serait pas mort ».Selon Marthe, la présence de Jésus au moment du drame aurait dénouée la situation voire « solutionner » le problème.

3- Marthe croyait que tout ce que Jésus demandera à Dieu, lui sera accordé (Jean 11 :22) : « …je sais que tout ce que tu demanderas à Dieu, Dieu te l'accordera ».

4- Marthe croyait que Jésus était le Messie, le Fils de Dieu : « Oui, Seigneur, je crois que tu es le Christ, le Fils de Dieu ». Quelle grâce ! ! ! Elle a eu la même révélation que l'apôtre Pierre dans Mathieu 16 :16.Reconnaître que Jésus était Messie n'était pas donné à tout le monde.

Cependant, au-delà de toute cette croyance, elle demeurait, néanmoins très incrédule et limitait Dieu dans ses propos. Ce qu'elle confessait ne reflétait pas ce qu'elle pensait réellement. D'ailleurs, ses propos le dénotent si bien.

Ecoutons la : « *…..Je sais qu'il ressuscitera à la résurrection des morts, au dernier jour* » (Jean 11 :24).

Qui lui a dit qu'il s'agissait du dernier jour. Le Seigneur Jésus lui parlait du présent, du « Aujourd'hui » et non du « demain ».Il a bien dit « **Ton frère ressuscitera** ».

En fait, Jésus était en train de faire comprendre à Marthe ceci : « *Maintenant que je suis là, ne t'inquiète plus, Lazare va de nouveau vivre* ».

Malgré de tels propos encourageants, Marthe avait du mal à croire. Son incrédulité était trop grande. Plus grande que Jésus lui-même. La mort de son frère était la fin de tout. Sa raison, teintée de la logique humaine, l'encourageait à ne plus avoir de l'espoir.

Car, la mort est le chemin de tous et personne ne peut y échapper. Son frère en était victime et il n'avait plus d'espoir qu'il puisse de nouveau vivre. Penser à une vie, alors que les circonstances disaient le contraire, était un bien pénible exercice mental que Jésus lui demandait.

Au verset 39, son manque de foi va de nouveau être exprimé, lorsque le Seigneur va demander que l'on ôte la pierre : « Jésus dit : Otez la pierre. Marthe, la sœur du mort, lui dit : Seigneur, il sent déjà, car il y a quatre jours qu'il est là ».

Lors de sa dernière réplique, Marthe nous permet finalement de saisir la cause de sa profonde incrédulité.

II- Le Problème de Marthe

Notre sœur Marthe avait un gros problème. Son problème, comme pour la plupart des chrétiens du monde entier, était le « Temps ».

Le temps est l'ami de Dieu. Il peut l'avancer, le faire reculer et l'arrêter. L'homme par contre subit la loi du temps sans en avoir la maîtrise et en comprendre le sens. C'est pourquoi, tout ce qui pouvait se faire en dehors de la loi du temps était inacceptable pour Marthe.

Marthe était une femme qui vivait selon les principes et conventions de ce monde. En fait, elle était en quelque sorte « une sainte Thomas », avant même que Thomas lui-même ne manifeste son incrédulité. Elle se rangeait du côté de tous ceux qui adhèrent au fameux club des « Je Crois que ce que je vois aujourd'hui ».

Le temps est un grand ennemi de la foi. Plus il dure, plus notre incrédulité se renforce. Pourtant, la Bible nous révèle trois grandes vérités au sujet de la foi :

1- Le juste vivra par sa foi. Notre vie chrétienne est donc une vie par la foi. Cf. Habakuk 2 :4

2- La Foi de tous les croyants doit être et sera éprouvée par Dieu lui-même. Cf. Jacques 1 :3

3- La Patience doit être le résultat, l'attitude que nous devrions avoir lors que nous sommes éprouvés.

La vraie foi en Dieu (Jean 14 :1) ne dépend pas du temps et des circonstances de la vie. Dans l'adversité, Jésus nous invite tout simplement à croire. Cette invitation qu'il a, d'ailleurs, faite à Marthe nous concerne tous.

Apprenons donc, jour après jour, à faire confiance à cette parole qui est rattachée à une merveilleuse promesse : « Ne t'ai-je pas dit que, si tu crois, tu verras la gloire de Dieu ». (Jean 11 :40)

La vraie foi est donc :

1-Stable

2-Confiante

3-Persévérante

4-Focalisée sur Dieu et sa capacité d'agir dans nos vies

5- Elle ne limite pas Dieu, mais croit en la grandeur du Tout Puissant

6- Rempli d'espoir, au moment où tous sont désespérés.

Prière:

Père céleste, apprend nous à manifester la vraie foi en ta personne et croire toujours en ta capacité d'agir au delà de tout ce que nous pouvons penser ou imaginer.

Ne pleurez pas sur moi

« Il était suivi d'une grande multitude des gens du peuple, et de femmes qui se frappaient la poitrine et se lamentaient sur lui.
Jésus se tourna vers elles, et dit: Filles de Jérusalem, ne pleurez pas sur moi; mais pleurez sur vous et sur vos enfants ». **Luc 23:27-28**

Luc 6:41:« *Pourquoi vois-tu la paille qui est dans l'œil de ton frère et n'aperçois-tu pas la poutre qui est dans ton œil à toi ! Ou comment peux-tu dire à ton frère : Frère, laisse-moi ôter la paille qui est dans ton œil, toi qui ne vois pas la poutre qui est dans le tien ? Hypocrite, ôte premièrement la poutre de ton œil, et alors tu verras comment ôter la paille qui est dans l'œil de ton frère.* »

Mes amis, nous allons aborder ici la problématique du jugement. Nous allons voir ce que c'est un jugement et nous expliquerons les deux types de jugements principaux: jugement des autres (critique) et jugement de soi (repentance).

1- Définition des concepts

Jugement : Décision rendue par un tribunal;faculté d'appréciation et d'évaluation. Parmi ses synonymes nous avons: critique,préjugés,point de vue,verdict...

Critique et critiquer : Analyser,juger avec sévérité;émettre un jugement négatif;condamner

2-Jugement des autres

Au regard de toutes ces définitions, nous allons plus nous appuyer sur le jugement en tant que critique.

L'être humain est enclin à porter une appréciation sur tout ce qui l'entoure. Il analyse les faits, gestes, comportements, paroles de son prochain. Il observe les faits naturels et essaye de les interpréter à la lumière de sa raison et de la science.

Il est inévitable de vivre en société et de ne pas être confronté à l'autre. L'autre apparaît souvent comme un adversaire, un ennemi. Il est celui qui à la capacité de nous construire ou de nous détruire. Il peut nous élever et nous abaisser.

L'autre est souvent notre bouc émissaire. Depuis notre tendre enfance, nous avions développé l'habitude d'indexer l'autre pour justifier nos fautes, nos échecs. Nous l'avions mis au devant de la scène de tout ce qui est bizarre, étrange, dangereux.

C'est de lui que nous parlions lorsque nous faisons allusion à « on m'a dit ». Oui! L'autre est ce « on » qui dit toujours des choses et qui semble être au courant de tout, sans que cela soit justifié.

N'étant pas seul dans la société, nous vivons avec cet autre qui constitue souvent pour chacun de nous un adversaire, un opposant. Son opposition est tout simplement justifié par le fait qu'il est différent de nous.

Justement, c'est à cause de cette différence, que nous allions, de façon réfléchis ou irréfléchis, commencé toute une analyse et critique de tous ces faits et gestes .Tout ce qu'il aura à faire passera toujours sous notre appréciation. Dès fois, de façon très objective, nous reconnaitrons ses mérites et lui jetterons des fleurs. Mais, ce n'est pas toujours le cas.

En effet, notre subjectivité et notre jalousie feront en sorte que la plupart du temps nous ne puissions pas réellement voir ce qui est bien chez lui. Pour nous, rien de ce qu'il fait est louable. Sa réussite est souvent reléguée au rang de « la chance » plutôt que le résultat de ses compétences, de son savoir-faire, de son travail,...

Combien de fois, n'avons nous pas critiqué l'autre dans son travail. Regardez, à titre d'exemple, ce qui se passe au stade de football. N'avez vous jamais entendu des spectateurs crier, se moquer des joueurs qui sont sur le terrain. N'avez vous jamais entendu des insultes et des phrases telles que « Il est nul celui là. Fallait tirer à gauche. Qu'est ce qu'il fait dans cette équipe ».

Mes amis, ce sont des paroles amères et très durs qui sortent souvent de la bouche des supporters. Vous voyez. Pour nous, cela semble si simple et facile de juger la performance de l'autre. Cependant, pensez vous qu'en étant à sa place nous ferions mieux?

En critiquant sans frein et retenue, nous nous mettons sur un piédestal très haut et avions l'impression d'être supérieur et meilleur que l'autre. Malheureusement, la réalité est tout autre.

En effet, au plus profonde de chacun de nous, nous connaissons nos limites. Nous sommes conscient, en vérité, que nous ne serions pas capable de courir ne fut ce que la moitié du terrain de football. Déjà, la montée de deux étages à pieds est, pour beaucoup, un véritable calvaire. A combien plus forte raison courir sur un terrain de football.

Mes amis, cessons de voir l'autre comme un moins que rien. Sachons apprécier ses œuvres avec objectivité. Oui! Cessons de lui jeter des cailloux et de le condamner pour un rien.

Les femmes de Jérusalem ont beaucoup pleuré en voyant jésus Christ en route, avec sa croix, vers le mont du crâne appelé golgotha. Elles se sont beaucoup lamentées sur son sort. Chacune l'a interprété et analysé à sa manière. La conclusion fut donc la désolation de leur âme.

Pourtant, leur attitude était bien humaine. Se lamenter sur le sort d'autrui n'est pas un péché en soi. Cela montre même une certaine marque d'attention et de considération. Jésus le savait fort bien. Cependant, sa réaction face aux lamentations des femmes de Jérusalem, est pour nous aujourd'hui un grand enseignement.

Quel merveilleux seigneur avons nous. Il a continué à enseigner les gens, même avec une croix sur les épaules et une couronne d'épine sur la tête.

Oui!Sa vie entière a été un enseignement orale, mais aussi un enseignement comportemental.

Vous vous rendez compte, au soir de sa vie, il a continué à enseigner le monde qui l'entourait. Nous pourrions le qualifier, à juste titre, d'enseignant infatigable.

Oui, mes amis. Jésus, par ses propos, nous donne matière à réflexion:

"filles de Jérusalem, ne pleurez pas sur moi, pleurez plutôt sur vous et vos enfants. Ces paroles du Seigneur peuvent sembler cruelles,frustrant et durs à l'endroit de celles qui se lamentaient à son sujet. Voyez vous.Il a refusé les pleurs de soutien des femmes de Jérusalem. Il ne les remercie même pas pour leur assistance.

Par ailleurs, il les interpelle à ne pas se focaliser sur lui. « *ne pleurez pas sur moi* »

En déclarant « ne pleurez pas sur moi »,le Seigneur Jésus est entrain de nous enseigner sur le fait que **dans la vie il faut d'abord veiller sur soi même avant de veiller sur autrui.**

D'ailleurs, l'adage populaire ne dit il pas : « Charité bien ordonnée commence par soi même ».

Les propos de Jésus nous rappellent combien l'homme a besoin de s'auto-examiner, d'abord avant d'examiner les autres.

J'ai connu un serviteur de Dieu avec qui nous avions longuement discuté sur le sujet du mariage et qui m'a dit: « *Pasteur,je pense qu'avant de pouvoir chercher une femme pour la marier,nous devrions d'abord nous marier avec nous même* ».

Ce que ce serviteur de Dieu voulait dire tout simplement, c'est qu'il nous serait difficile d'entretenir l'autre (futur femme) si nous n'arrivons même pas à nous entretenir nous même.

Comme vous l'avez constaté,tout commence avec nous. Nous sommes au centre de notre propre vie. Si nous ne bougeons pas, rien ne pourra se faire à notre place. Si nous n'agissons pas,personne le fera à notre place.

Au regard de tout ce qui a été déjà dit plus haut,comprenons donc l'importance pour nous de nous mêler d'abord de nos affaires au lieu d'aller régler les affaires du voisin.

Pour revenir,aux paroles de Jésus aux femmes de Jérusalem,nous comprenons aussi qu'il voulait certainement leur dire:*Femme de Jérusalem, il y a d'autres choses dans la vie qui nécessiteront vos pleurs. Je ne vous interdis pas de pleurer. Seulement, je veux que vos pleurs soient orientés vers le vrai problème.*

Mes amis ,Jésus n'est pas contre le fait que nous pleurions ou nous lamentions. Pleurer est une émotion humaine.

Généralement, nous pleurons pour exprimer notre douleur, notre souffrance, notre tristesse, notre déception, notre frustration. Quand nous pleurons, c'est que la situation qui en est la cause, nous l'avions fortement eut à cœur. Pleurer est l'expression extérieure de la contrition de notre âme, de notre cœur.

Oui!Notre cœur est à l'origine de nos pleurs. Nous devons veiller quotidiennement à ce qu'il ne soit pas attristé et qu'à travers lui nous ne commettions pas des gaffes. La Bible dit au sujet du cœur:

«Mais ce qui sort de la bouche vient du coeur, et c'est ce qui souille l'homme. Car c'est du coeur que viennent les mauvaises pensées, les meurtres, les adultères, les débauches, les vols, les faux témoignages, les calomnies. Voilà les choses qui souillent l'homme;» **Mathieu 15:16-20**

3-Jugement de Soi

Nous avons vu dans le chapitre précédent, combien il était sage pour chacun de nous de s'examiner d'abord avant d'examiner l'autre. Cela nous est illustré à travers les paroles de Jésus:

« Pourquoi vois-tu la paille qui est dans l'œil de ton frère et n'aperçois-tu pas la poutre qui est dans ton œil à toi ! Ou comment peux-tu dire à ton frère : Frère, laisse-moi ôter la paille qui est dans ton œil, toi qui ne vois pas la poutre qui est dans le tien ? Hypocrite, ôte premièrement la poutre de ton œil, et alors tu verras comment ôter la paille qui est dans l'œil de ton frère. »

Lorsque nous parlons de jugement de soi, nous faisons allusion à la repentance. La repentance se distingue de la conversion dans le fait qu'il nous permet de bien vivre et de bien marcher en nouveauté de vie.

Oui!la conversion nous a permis d'entrer dans le royaume de Dieu;de naitre de nouveau;de bénéficier d'une nouvelle vie.

Mais, pour bien marcher en nouveauté de vie et selon les exigences et standards de cette conversion, il nous faut impérativement nous conformer à la nouvelle donne. Ainsi,la seule façon pour nous de nous ajuster à cette nouvelle vie, c'est d'adopter un nouveau mode de pensée, de raisonnement à l'égard de notre vie. C'est ce que nous appelons vulgairement la repentance.

Du grec « METANOEO », la repentance est un changement de pensée, de mentalité, d'attitude à l'égard de nous, de Dieu, du péché,...

Mes amis, durant toute notre marche ici bas, nous aurons besoin de nous conformer à la mentalité des citoyens du royaume des cieux: parler, penser et agir comme Dieu le souhaite.

Notre défi quotidien est de ne pas se laisser entrainer, mouler par le système du monde actuel. En effet, tout est réuni dans ce monde, à travers des systèmes et modes de corruption, d'injustice, de méchanceté, d'immoralité, pour éloigner l'enfant de Dieu des valeurs divines et nobles.

La Bible déclare dans **Romains 12:2**

« Ne vous conformez pas au siècle présent, mais soyez transformés par le renouvellement de l'intelligence, afin que vous discerniez quelle est la volonté de Dieu, ce qui est bon, agréable et parfait. »

Le jugement de soi, c'est commencer par s'examiner et se poser les bonnes questions au sujet de notre foi, de notre relation, de notre communion avec Dieu. C'est important de souvent marquer des "stop" dans notre vie et de reconsidérer nos voies.

S'examiner soi même:

-C'est être à mesure de déceler ses propres faiblesses, manquements et limites.

-Savoir s'autocritiquer de façon objective et avoir le courage et l'humilité de tout recommencer quand il le faut et de changer ce qui ne marche pas.

-Avoir la ferme conviction et prendre les décisions qu'il faut pour vivre de nouveau selon les règles divines.

L'enfant de Dieu n'étant pas exempt de reproches et de réprimandes a besoin de se référer souvent au fil conducteur de sa vie (la Bible) pour voir s'il est toujours dans la foi et dans les voies du Seigneur.

Ce recours perpétuel à la parole de Dieu et notre motivation et intention à nous y conformer, c'est cela la repentance. Car, faire cela, c'est aussi mourir à soi et vivre pour Dieu. Oui, mes amis. Nous ne vivons plus pour satisfaire notre égocentrisme, mais pour satisfaire Dieu.

Se repentir, c'est finalement aligner quotidiennement nos pensée avec les pensées de Dieu qui nous sont révélées dans la Bible.

A titre d'exemple:

La Bible nous recommande de faire du bien à ceux qui nous font du mal. Mais, il est arrivé qu'un jour vous avez été victime d'une situation ou vous avez été humilié, critiqué, méprisé. A l'instant même, votre cœur s'est enflé et des sentiments de haines et de vengeance ont commencé à vous envahir. En vous, une voix réclame réparation et vengeance. Vous souhaitez que la même chose, voire pire, arrive à tous vos détracteurs. Et vous vous dites que plus jamais vous n'aurez de rapports et de communion avec ces personnes. Quand vous les regardez, vous les voyez plus noir que le charbon et souhaitez même leur mort.

Voila , un des scénarios les plus plausibles lorsque nous avions été victime de raillerie, d'injustice, de mépris, de déconsidération, d'humiliation,...

L'attitude d'une telle personne comme nous l'avions cités un peu plus haut est le résultat de sa chair. Pourtant, elle peut se dire en elle même « ce n'est pas grave. Ce qui anime ces personnes c'est l'esprit du malin qui m'en veut parce que je suis enfant de Dieu ».

Bien que cela soit assez difficile à faire sur le plan pratique, nous n'avons pas le choix. Ne perdons jamais de vue que notre combat n'est pas charnelle, mais spirituel. Nous n'avons pas à lutter contre la chair et le sang.

Ainsi, ces vérités comprises,nous comprenons aisément que l'autre n'est pas mon adversaire. Mon vrai adversaire est plutôt l'esprit qui le contrôle. C'est cet esprit qui excite sa chair et le pousse à la rébellion. Oui, mes amis,la chair n'accepte pas de se soumettre à la parole de Dieu. La loi de l'Eternel la dérange considérablement. Elle a sa propre justice et ses propres œuvres. Découvrons les dans **Galates 5:19**

« Or, les œuvres de la chair sont manifestes, ce sont l'impudicité, l'impureté, la dissolution,
l'idolâtrie, la magie, les inimitiés, les querelles, les jalousies, les animosités, les disputes, les divisions, les sectes, l'envie, l'ivrognerie, les excès de table, et les choses semblables. Je vous dis d'avance, comme je l'ai déjà dit, que ceux qui commettent de telles choses n'hériteront point le royaume de Dieu. »

C'est vrai, les œuvres de la chair sont une réalité à laquelle chacun de nous est confrontée au quotidien. Nous manifestons ces œuvres, parce que nous prenons plaisir à satisfaire notre ego. Notre ego a des prédispositions à la vengeance. Il veut toujours s'affirmer afin que nous soyons toujours au devant de la scène.

Romains 8:2-9 dit à ce sujet:

« En effet, la loi de l'esprit de vie en Jésus Christ m'a affranchi de la loi du péché et de la mort. Car chose impossible à la loi, parce que la chair la rendait sans force, -Dieu a condamné le péché dans la chair, en envoyant, à cause du péché, son propre Fils dans une chair semblable à celle du péché, et cela afin que la justice de la loi fût accomplie en nous, qui marchons, non selon la chair, mais selon l'esprit.
Ceux, en effet, qui vivent selon la chair, s'affectionnent aux choses de la chair, tandis que ceux qui vivent selon l'esprit s'affectionnent aux choses de l'esprit.
Et l'affection de la chair, c'est la mort, tandis que l'affection de l'esprit, c'est la vie et la paix;
car l'affection de la chair est inimitié contre Dieu, parce qu'elle ne se soumet pas à la loi de Dieu, et qu'elle ne le peut même pas.
Or ceux qui vivent selon la chair ne sauraient plaire à Dieu.
Pour vous, vous ne vivez pas selon la chair, mais selon l'esprit, si du moins l'Esprit de Dieu habite en vous. Si quelqu'un n'a pas l'Esprit de Christ, il ne lui appartient pas. »

Le message est très clair. Plus nous nous attacherons à la chair, plus nous nous détacherons de Dieu. Nous ne saurions lui plaire. C'est à dire que toutes les fois que nous choisirons ou adopterons un comportement ou une habitude mauvaise, l'esprit de Dieu en nous sera triste et ne pourra plus se manifester dans notre vie. Inspirons nous plutôt de l'attitude d'Etienne face à tous ceux qui lui faisaient du mal (**Actes7:54-60**) :

« En entendant ces paroles, ils étaient furieux dans leur coeur, et ils grinçaient des dents contre lui.

Mais Étienne, rempli du Saint Esprit, et fixant les regards vers le ciel, vit la gloire de Dieu et Jésus debout à la droite de Dieu.

Et il dit: Voici, je vois les cieux ouverts, et le Fils de l'homme debout à la droite de Dieu.

Ils poussèrent alors de grands cris, en se bouchant les oreilles, et ils se précipitèrent tous ensemble sur lui, le traînèrent hors de la ville, et le lapidèrent. Les témoins déposèrent leurs vêtements aux pieds d'un jeune homme nommé Saul.

Et ils lapidaient Étienne, qui priait et disait: Seigneur Jésus, reçois mon esprit!

Puis, s'étant mis à genoux, il s'écria d'une voix forte: Seigneur, ne leur impute pas ce péché ! »

Mes amis, marcher dans un esprit de repentance, c'est prendre conscience que notre comportement est mauvais et que cela n'est pas une bonne chose pour Dieu. Alors, dans un soucie d'être conforme au modèle de Dieu pour notre vie (Jésus Christ), nous décidons de ne plus pratiquer ces actes qui salissent le témoignage de Christ en nous. Même si cela nous fera passer pour des ratés,des clowns,des moins que rien,des faibles,des mabouls...

Quatre étapes permettent une véritable repentance.

Comment allons nous nous y prendre ?

En reconnaissant d'abord que ce qui a été fait, dit, pensée est mal aux yeux de Dieu. Ensuite, après avoir reconnu notre faute, nous la confessant à Dieu, à celui à qui nous avions offensé. Oui! La confession des péchés aux hommes est biblique. Car, reconnaitre sans confesser n'a pas de sens.

Confesser à Dieu est la seconde étape. Elle consiste à aller voir la personne à qui vous avez fait du mal. A défaut, de la voir physiquement, vous pouvez lui écrire, l'appeler par téléphone. Bref, tous les moyens sont permis. Seulement, le plus important c'est que la personne offensée sache que votre faute a été reconnue et confessée.

La troisième étape de la vraie repentance consiste dans la ferme résolution et décision de ne plus pratiquer ce péché qui nous a mis en conflit avec notre père céleste.

Enfin, la dernière étape est celle de l'action. C'est à dire que nous devons traduire par des actes, des nouveaux comportements notre ferme résolution. La Bible ne dit elle pas qu'"*une foi sans les oeuvres est une foi morte"*.

Bien entendu, tout cela est le résultat de notre nouvelle façon de penser. Nous alignons maintenant nos pensées avec les pensées de Dieu révélées dans la Bible.

Prions:
Père céleste, je te prie de m'aider à ne pas être focalisé sur les fautes des autres. Aide moi à veiller sur moi même et sur ma voie. Aide moi à ne pas critiquer les

autres dans leur moment de faiblesse. Car, je ne suis pas à l'abri d'une éventuelle chute sans ton assistance. Je reconnais que sans toi je ne suis rien et je ne suis capable de rien. Aide moi à reconnaître mes erreurs et fautes et à te le confesser sans cacher quoique ce soit. Ta parole me dit que celui cache ses transgressions ne prospèrera pas. Qu'il n'en soit pas ainsi pour moi. Je veux apprendre chaque jour à conformer mes pensées avec les tienne et me soumettre à l'autorité de ta parole. Que je ne sois pas prompt à juger, mais plutôt à m'auto-critiquer. Je me présente à toi comme de l'argile et te prie de bien vouloir me donner la forme que tu veux.

Prière de repentance selon Psaumes 51

« Au chef des chantres. Psaume de David. (Lorsque Nathan, le prophète, vint à lui, après que David fut allé vers Bath Schéba. O Dieu! aie pitié de moi dans ta bonté; Selon ta grande miséricorde, efface mes transgressions;

Lave-moi complètement de mon iniquité, Et purifie-moi de mon péché.

Car je reconnais mes transgressions, Et mon péché est constamment devant moi.

J'ai péché contre toi seul, Et j'ai fait ce qui est mal à tes yeux, En sorte que tu seras juste dans ta sentence, Sans reproche dans ton jugement.

Voici, je suis né dans l'iniquité, Et ma mère m'a conçu dans le péché.

Mais tu veux que la vérité soit au fond du coeur: Fais donc pénétrer la sagesse au dedans de moi!

Purifie-moi avec l'hysope, et je serai pur; Lave-moi, et je serai plus blanc que la neige.

Annonce-moi l'allégresse et la joie, Et les os que tu as brisés se réjouiront.

Détourne ton regard de mes péchés, Efface toutes mes iniquités.

O Dieu! crée en moi un cœur pur, Renouvelle en moi un esprit bien disposé.

Ne me rejette pas loin de ta face, Ne me retire pas ton esprit saint.

Rends-moi la joie de ton salut, Et qu'un esprit de bonne volonté me soutienne!

J'enseignerai tes voies à ceux qui les transgressent, Et les pécheurs reviendront à toi.

O Dieu, Dieu de mon salut! délivre-moi du sang versé, Et ma langue célébrera ta miséricorde.

Seigneur! ouvre mes lèvres, Et ma bouche publiera ta louange.

Si tu eusses voulu des sacrifices, je t'en aurais offert; Mais tu ne prends point plaisir aux holocaustes.

Les sacrifices qui sont agréables à Dieu, c'est un esprit brisé: O Dieu! tu ne dédaignes pas un cœur brisé et contrit.

Répands par ta grâce tes bienfaits sur Sion, Bâtis les murs de Jérusalem!

Alors tu agréeras des sacrifices de justice, Des holocaustes et des victimes tout entières; Alors on offrira des taureaux sur ton autel ».
Daniel 9:3-16

« Je tournai ma face vers le Seigneur Dieu, afin de recourir à la prière et aux supplications, en jeûnant et en prenant le sac et la cendre.

Je priai l'Éternel, mon Dieu, et je lui fis cette confession: Seigneur, Dieu grand et redoutable, toi qui gardes ton alliance et qui fais miséricorde à ceux qui t'aiment et qui observent tes commandements!

Nous avons péché, nous avons commis l'iniquité, nous avons été méchants et rebelles, nous nous sommes détournés de tes commandements et de tes ordonnances.

Nous n'avons pas écouté tes serviteurs, les prophètes, qui ont parlé en ton nom à nos rois, à nos chefs, à nos pères, et à tout le peuple du pays.

A toi, Seigneur, est la justice, et à nous la confusion de face, en ce jour, aux hommes de Juda, aux habitants de Jérusalem, et à tout Israël, à ceux qui sont près et à ceux qui sont loin, dans tous les pays où tu les as chassés à cause des infidélités dont ils se sont rendus coupables envers toi.

Seigneur, à nous la confusion de face, à nos rois, à nos chefs, et à nos pères, parce que nous avons péché contre toi.

Auprès du Seigneur, notre Dieu, la miséricorde et le pardon, car nous avons été rebelles envers lui.

Nous n'avons pas écouté la voix de l'Éternel, notre Dieu, pour suivre ses lois qu'il avait mises devant nous par ses serviteurs, les prophètes.

Tout Israël a transgressé ta loi, et s'est détourné pour ne pas écouter ta voix. Alors se sont répandues sur nous les malédictions et les imprécations qui sont écrites dans la loi de Moïse, serviteur de Dieu, parce que nous avons péché contre Dieu.

Il a accompli les paroles qu'il avait prononcées contre nous et contre nos chefs qui nous ont gouvernés, il a fait venir sur nous une grande calamité, et il n'en est jamais arrivé sous le ciel entier une semblable à celle qui est arrivée à Jérusalem.

Comme cela est écrit dans la loi de Moïse, toute cette calamité est venue sur nous; et nous n'avons pas imploré l'Éternel, notre Dieu, nous ne nous sommes pas détournés de nos iniquités, nous n'avons pas été attentifs à ta vérité.

L'Éternel a veillé sur cette calamité, et l'a fait venir sur nous; car l'Éternel, notre Dieu, est juste dans toutes les choses qu'il a faites, mais nous n'avons pas écouté sa voix.

Et maintenant, Seigneur, notre Dieu, toi qui as fait sortir ton peuple du pays d'Égypte par ta main puissante, et qui t'es fait un nom comme il l'est aujourd'hui, nous avons péché, nous avons commis l'iniquité.

Seigneur, selon ta grande miséricorde, que ta colère et ta fureur se détournent de ta ville de Jérusalem, de ta montagne sainte; car, à cause de nos péchés et des iniquités de nos pères, Jérusalem et ton peuple sont en opprobre à tous ceux qui nous entourent. »

Le dénombrement

I- La qualification divine

Il est bon à savoir qu'il y a différents types de qualification:

1) Qualification professionnelle:
Dépend de nos compétences, performances, diplômes.

2) Qualification spirituelle:
Dépend de Dieu, de sa grâce et de sa miséricorde.

"J'ai aimé Jacob et j'ai haï Esaü";
"Je fais miséricorde à qui je fais miséricorde, je fais grâce à qui je fais grâce".

Mes amis, le dénombrement ou la qualification divine se fait dans le désert.
• C'est au désert qu'il y a les épreuves et tentations.
• C'est au désert que se fait le partage de l'héritage, sa répartition et sa distribution.
• C'est au désert que se donne la promesse de l'héritage.

N.B: Le dénombrement est l'exclusivité de Dieu.

En s'attribuant ce droit, inspiré par Satan, le roi David a attiré sur lui le jugement et la colère de Dieu.

(1Chroniques 21:1-7)

« Satan se leva contre Israël, et il excita David à faire le dénombrement d'Israël. Et David dit à Joab et aux chefs du peuple: Allez, faites le dénombrement d'Israël, depuis Beer-Schéba jusqu'à Dan, et rapportez-le-moi, afin que je sache à combien il s'élève. Joab répondit: Que l'Eternel
rende son peuple cent fois plus nombreux! O roi mon seigneur, ne sont-ils pas tous serviteurs de mon seigneur? *Mais pourquoi mon seigneur demande-t-il cela? Pourquoi faire ainsi pécher Israël? Le roi persista dans l'ordre qu'il donnait à Joab. Et Joab partit, et parcourut tout*
Israël; puis il revint à Jérusalem. Joab remit à David le rôle du dénombrement du peuple: il y avait dans tout Israël un million cent mille hommes tirant l'épée, et en Juda quatre cent soixante-dix mille hommes tirant l'épée. Il ne fit point parmi eux le dénombrement de Lévi et de Benjamin, car l'ordre du roi lui paraissait une abomination.
Cet ordre déplut à Dieu, qui frappa Israël. Et David dit à Dieu: J'ai commis un grand péché en faisant cela! Maintenant, daigne pardonner l'iniquité de ton serviteur, car j'ai complètement agi en insensé! »

La leçon à tirer ici:

Ne touchons pas à ce qui est réservé à l'Eternel seul.
Sachons, plutôt, attendre l'ordre, le feu vert de Dieu pour faire certaines choses relatives au Ministère.

Mes amis, retenez que le dénombrement se fait pour la gloire de Dieu et a pour seul objectif: **servir les intérêts de Dieu et non les notre**.

Le dénombrement révèle Dieu en tant que Chef militaire: **l'Eternel des armées.**

A travers le dénombrement, Dieu s'est réservé des hommes, de chaque tribu d'Israël, qui allaient constituer son armée terrestre.

Le dénombrement constitue donc le corps d'Armée d'Israël: l'Escorte royale de l'Arche de l'alliance. **l'Escorte royale de Dieu.**

Le dénombrement détermine et qualifie ceux qui sont aptes à la guerre.

Le dénombrement nous révèle donc **le principe de la sélection et de l'élection de Dieu** (avoir 20 ans et plus; être lévites) pour être enrôlé dans son armée.

« Faites le dénombrement de toute l'assemblée des enfants d'Israël, selon leurs familles, selon les maisons de leurs pères, en comptant par tête les noms de tous les mâles,
 depuis l'âge de vingt ans et au-dessus, tous ceux d'Israël en état de porter les armes; » Nbres 1:2-3
« Tu ne feras point le dénombrement de la tribu de Lévi, et tu n'en compteras point les têtes au milieu des enfants d'Israël.
 Remets aux soins des Lévites le tabernacle du témoignage, tous ses ustensiles et tout ce qui lui appartient. Ils porteront le tabernacle et tous ses ustensiles, ils en feront le service, et ils camperont autour du tabernacle ». Nbres 1:49-50
« L'Éternel parla à Moïse, dans le désert de Sinaï, et dit:
 Fais le dénombrement des enfants de Lévi, selon les maisons de leurs pères, selon leurs familles; tu feras le dénombrement de tous les mâles, depuis l'âge d'un mois et au-dessus.

Moïse en fit le dénombrement sur l'ordre de l'Éternel, en se conformant à l'ordre qui lui fut donné ». Nbres 3:14-16

« tu feras le dénombrement, depuis l'âge de trente ans et au-dessus jusqu'à l'âge de cinquante ans, de tous ceux qui sont propres à exercer quelque fonction dans la tente d'assignation ». Nbres 4:30

N.B: C'est Dieu seul qui fixe les critères et exigences de sélection pour faire partie de son armée.

II- Le dénombrement de nos jours: Le Ministère.

Aujourd'hui, l'esprit et les principes du dénombrement sont toujours en vigueur pour faire partie de l'élite qui servira à la gloire et à la louange de Sa Majesté notre Dieu.

Vu que le dénombrement est l'opération divine pour qualifier ses serviteurs et ouvriers, nous n'avons donc pas le droit d'introduire des personnes dans le service, ministère selon nos impressions et sentiments personnelles.

Comprenons que personne ne peut s'attribuer le mérite de rentrer tout seul dans le ministère; de se recommander tout seul.

Aucun homme de Dieu n'a reçu le mandat de donner un quelconque ministère à des tiers personnes.

Ce droit ne nous a pas été donné. C'est **la propriété exclusive de Dieu. C'est sa responsabilité**.

Seul le Saint Esprit est habilité, mandaté de qualifier et de mettre à part des hommes et des femmes qui vont servir à la louange et à la gloire de Dieu.

Les hommes de Dieu, notre entourage reconnaissent seulement ce que Dieu a placé en nous pour confirmer notre élection, notre appel.

Mes amis, sachez que toute semence de Dieu plantée en nous est appelée à grandir, à porter du fruit.

Vous savez, jamais, nous ne pouvons empêcher, en sa saison, un arbre fruitier de porter son fruit.

C'est pourquoi, rien ne sert de se plaindre et de gémir sur le fait que votre ministère soit reconnu ou pas.

Serviteurs et servantes de Dieu, sachez que ce qui vient de Dieu criera très fort dans votre vie, environnement, église,...

Personne ne pourra le contester, à cause des fruits et œuvres qui se manifesteront et qui serviront de témoignages.

En effet, notre qualification est en fonction des dons, talents, aptitudes que Dieu a placé dans notre vie.

N'est-il pas écrit:

"Tout don parfait, toute grâce excellente viennent d'en haut..."

Rien ne sert donc de courir, mais il faut partir à point. Oui! Partir à point est une garantie de votre succès et réussite dans le ministère. Nous bénéficions ainsi de la faveur et de la couverture divine.

III- Les saisons du dénombrement

Le dénombrement ou les différentes qualifications divines ne se font pas dans le désordre; ne se font pas tous les jours.

Chaque dénombrement doit se faire en sa saison, dans le temps que Dieu s'est réservé.

Mes amis, Dieu n'appelle pas tout le monde au même moment et à la même période. Il s'est fixé un temps pour toute chose sous le soleil.(Eccl.3)

« *Il y a un temps pour tout, un temps pour toute chose sous les cieux:*
un temps pour naître, et un temps pour mourir; un temps pour planter, et un temps pour arracher ce qui a été planté;
un temps pour tuer, et un temps pour guérir; un temps pour abattre, et un temps pour bâtir;
un temps pour pleurer, et un temps pour rire; un temps pour se lamenter, et un temps pour danser;
un temps pour lancer des pierres, et un temps pour ramasser des pierres; un temps pour embrasser, et un temps pour s'éloigner des embrassements;
un temps pour chercher, et un temps pour perdre; un temps pour garder, et un temps pour jeter;
un temps pour déchirer, et un temps pour coudre; un temps pour se taire, et un temps pour parler;
un temps pour aimer, et un temps pour haïr; un temps pour la guerre, et un temps pour la paix.
Quel avantage celui qui travaille retire-t-il de sa peine?
J'ai vu à quelle occupation Dieu soumet les fils de l'homme.
Il fait toute chose bonne en son temps; même il a mis dans leur cœur la pensée de l'éternité, bien que l'homme ne puisse pas saisir l'œuvre que Dieu fait, du

commencement jusqu'à la fin »

Alors, pas de précipitation dans tout ce qui concerne le ministère et le service pour Dieu. La patience est une vertu pour quiconque a reçu des promesses de Dieu.

IV- Nous sommes des ROIS

Les personnes qui ont été mis à part par Dieu deviennent une élite Royale que la Bible appelle: le Sacerdoce Royal.

Elles sont devenues des petits Rois au service du grand Roi.
La Royauté dont nous parlons ici est en fait quatre vérités fondamentales que tout enfant de Dieu, mis à part pour le service, doit connaitre:

R = Avoir perpétuellement un esprit de **RECONNAISSANCE** et ne jamais oublié d'où nous avions été tiré. Bref, ne jamais oublier notre Source.

O = Etre toujours **OBEISSANT** et soumis à la Parole de notre Seigneur. Une obéissance totale, pas à moitié. Car, l'obéissance vaut mieux que le sacrifice. Gardons toujours cette vérité à l'esprit.

I = Servir Dieu en toute **INTEGRITE** et sans compromission. Ne pas se détourner ni à gauche ni à droite. Demeurer ferme dans notre foi, dans notre confiance, dans notre alliance.

S = Marcher chaque jour dans la **SANCTIFICATION** de nos pensées, paroles et actes. Se conformer à ce que Dieu attend de nous dans tous les domaines de notre vie. Car, il est écrit « Sans la sanctification personne ne verra Dieu ».

Prière:

Seigneur, je ne suis qu'un serviteur inutile. Mais, ej crois que par ta grâce tu peux me rendre utile pour une personne sur cette terre qui a besoin d'être encouragé, fortifié, restauré. Je me dispose à toi et te prie de faire reflèter, à travers ma vie, ta gloire.

L'homme selon le cœur de Dieu

1 Chroniques 14:8-17

« Les Philistins apprirent que David avait été oint pour roi sur tout Israël, et ils montèrent tous à sa recherche. David, qui en fut informé, sortit au-devant d'eux.

Les Philistins arrivèrent, et se répandirent dans la vallée des Rephaïm.

David consulta Dieu, en disant: Monterai-je contre les Philistins, et les livreras-tu entre mes mains? Et l'Éternel lui dit: Monte, et je les livrerai entre tes mains.

Ils montèrent à Baal Peratsim, où David les battit. Puis il dit: Dieu a dispersé mes ennemis par ma main, comme des eaux qui s'écoulent. C'est pourquoi l'on a donné à ce lieu le nom de Baal Peratsim.

Ils laissèrent là leurs dieux, qui furent brûlés au feu d'après l'ordre de David.

Les Philistins se répandirent de nouveau dans la vallée.

David consulta encore Dieu. Et Dieu lui dit: Tu ne monteras pas après eux; détourne-toi d'eux, et tu arriveras sur eux vis-à-vis des mûriers.

Quand tu entendras un bruit de pas dans les cimes des mûriers, alors tu sortiras pour combattre, car c'est Dieu qui marche devant toi pour battre l'armée des Philistins.

David fit ce que Dieu lui avait ordonné, et l'armée des Philistins fut battue depuis Gabaon jusqu'à Guézer.

La renommée de David se répandit dans tous les pays, et l'Éternel le rendit redoutable à toutes les nations ».

Dieu a témoigné de David et a dit qu'il était l'homme selon son cœur. Nous allons voir succinctement dans cette méditation quel était le secret de David pour bénéficier d'un si grand témoignage.

Au travers de ses psaumes et mésaventures nous découvrons qu'il était un homme qui connaissait sa relation avec Dieu et était en perpétuelle communion avec ce dernier. D'ailleurs, le passage clé de cette méditation nous le révèle. Nous y découvrons le secret de la réussite et de la force du chantre d'Israël.

Oui, mes amis, comme David, nous pouvons également être des hommes et des femmes de distinction et d'influence. Nous pouvons faire partie de ceux là qui dominent et non des dominés. Nous pouvons relever tous les défis qui se présentent à nous avec confiance et assurance
que la main du Puissant de Jacob sera avec nous.

La force de David résidait dans **sa communion avec le Dieu Vivant d'Israël**. Il était en perpétuelle communion avec le Très Haut et ne faisait rien sans, au préalable, interroger ce dernier. Il était l'homme qui savait parler au coeur de Dieu et qui savait écouter la voix du Tout Puissant.

Le Fils d'Isaï avait compris qu'une bonne relation entrainait de facto une bonne communion.

Retenons donc qu'une relation peut s'hériter (le père et ses enfants) et elle peut aussi se créer (l'amitié).Pourtant, ce qui est capital, ce n'est pas le fait de se faire des relations ou d'en avoir, mais plutôt comment les entretenir et les conserver " bonne".Car, dans la vie, il y a de bonnes comme de mauvaises relations.

La communion est, par contre, la conséquence d'une bonne relation. Par elle, nous nous donnons à Dieu et lui à nous. Ce qui est à nous est pour lui et vis versa.

La communion nous permet d'avoir la vie de Dieu en nous.

Or, il n' y a pas de communion véritable sans communication.

La communication ici, c'est la vie de prière. Étant donné qu'une bonne communication passe nécessairement par l'écoute de l'autre, nous devons aussi apprendre à écouter Dieu (lecture et méditation de la Parole de Dieu).

En effet, c'est en écoutant que nous pouvons bien agir et réagir selon la volonté de Dieu et remporter le succès qu'il a réservé à ses fils.

Alors, mes amis, fondez tout votre espoir en l'Eternel et puisez votre force dans sa Parole divine. C'est alors que vous réussirez dans toutes vos entreprises, c'est alors que vous serez des hommes et des femmes selon son cœur.

Prière:

Père, je te prie de me garder contre toutes formes et sortes de tentations. Ouvre les yeux de mon coeur pour que je discerne ce qui est de toi et ce qui ne l'est pas.

Le Mystère des Opportunités

Texte: Gen.39:7-12

A travers, la femme de Potiphar, nous allons voir aujourd'hui le mystère qui se cache derrière certaines opportunités.

Cette femme était la femme d'un grand homme en Egypte. Elle avait le prestige et les richesses. Elle était étrangère et vénérait les dieux étrangers.

N.B: *Il n' y a pas que Dieu qui donne des honneurs, du prestige, de la richesse. Ces éléments ne sont pas suffisant pour authentifier que Dieu est avec nous. Il nous suffit de regarder tout autour de nous pour constater que « les sans Foi ni Loi » prospèrent,ont des richesses,ont des promotions,...*

Le jeune Joseph était donc l'objet de sa convoitise. Mais, qui était Joseph ?
Joseph, était le fils de la vieillesse de Jacob. Héritier des promesses faite à Abraham. Arrière petit fils du patriarche Abraham. Esclave en Égypte.

Vous conviendrez bien avec moi qu'un esclave n'est pas libre. Il a des bornes à sa vie et à sa mobilité. Son épanouissement dépend de son maitre. Si celui ci est bon, il vivra de bonnes choses; s'il est mauvais, il vivra de mauvaises choses.

Vous vous en rendez compte : Être apprécié et aimé par la femme de son patron, c'est quelque chose ! C'est bien une opportunité. N'est ce pas ?

Opportunité d'être bien traité, d'être privilégié et de se distinguer parmi les autres serviteurs de POTIPHAR.

Opportunité de construire sa maison, d'être propriétaire et ne plus être locataire. Opportunité de faire son business, son commerce, d'être à son propre compte,...

Cependant, cette opportunité n'était pas une bonne opportunité pour un citoyen du royaume de Dieu. La saisir, serait briser l'alliance avec Dieu et violer ses commandements. Commandements qui stipulait entre autre : « Tu ne convoiteras pas la femme de ton prochain...séparez vous du peuple du pays et des femmes étrangères... »

Le prix de cette opportunité était donc très élevé: rompre l'alliance avec Dieu et se prostituer avec des dieux étrangers, les dieux de l'Égypte.

Pourtant, cette opportunité n'était pas comparable à la grâce, faveur que Dieu réservait à Joseph. Mes amis, l'opportunité de Dieu est toujours la meilleure.

L'opportunité de Dieu se révèle dans des moments et endroits difficiles comme la prison pour Joseph.

En effet, pour Dieu, ce n'était pas la femme de Potiphar qui était l' opportunité de Joseph. Cette porte qui allait lui donner accès à la liberté, à la richesse, à l'élévation, à la gloire. La prison était, pour Dieu, la bonne porte, la bonne opportunité qui allait introduire Joseph dans destinée glorieuse.

Mon frère, ma sœur, la prison dans laquelle tu te trouves peut être le tremplin, l'escalier de ton élévation, de ta promotion, de ta bénédiction. De la vraie bénédiction qui ne se fait suivre d'aucun chagrin: la bénédiction de l'Eternel.

Ne vois pas toujours d'un mauvais œil ce qui t'arrive. Car, ce qui semble détestable peut être le moyen que Dieu utilise pour te faire entrer dans quelque chose de glorieux.

Mes amis, ce que pouvait offrir la femme de Potiphar à Joseph, n'était pas comparable à ce que Dieu lui destinait. Le statut de Potiphar (chef de la garde de Pharaon) ne pouvait pas se comparer à celui de premier ministre de l'Egypte que Dieu avait réservé à Joseph.

Faisons donc attention à la femme de Potiphar qui peut nous faire rater l'opportunité de Dieu;le meilleur de Dieu pour notre vie. Parce que si Joseph avait cédé à la tentation de la femme de Potiphar, jamais il ne serait jeté en prison. Or, la prison était la porte de Dieu pour l'accomplissement de la destinée prophétique de Joseph. Il fallait que Joseph aille en prison.

Retenez qu'une opportunité qui vient de Dieu ne peut vous pousser à violer votre alliance avec Dieu;vous pousser à la compromission,au mensonge et à la pratique du péché. L'opportunité de Dieu révèle sa gloire et nous maintien toujours dans une attitude de ROIS à son égard: esprit de Reconnaissance, esprit d'Obéissance,esprit d'Intégrité,esprit de Sainteté.

Toi qui lis cette pensée aujourd'hui, fais attention à la femme de Potiphar !Il faut la fuir. Surtout, il ne faut pas traiter et négocier avec elle. Car, la Bible nous enseigne que nous devons fuir l'impudicité et que nous n'avons pas à regarder à l'apparence des choses et des personnes. Car, tout ce qui brille n'est pas de l'or.

Prière:

Je voudrais toujours rester auprès de toi.Car, auprès de toi, je me sens si bien.Tu es la source de toutes mes ressources.Ma force se trouve en toi.Tu es ma raison d'être.

Les 3 G de la marche chrétienne

Mes amis, si nous sommes chrétiens, nous devons savoir que nous aurons à passer par les chemins que Christ notre Seigneur a emprunté: la route de Gethsemané à Golgotha. Bien qu'ayant vu la gloire au commencement de son ministère avec la renommée qu'il avait, le Christ devait aussi passer par Gethsemané avant d'être crucifié à Golgotha.

Le problème de beaucoup de chrétien aujourd'hui est la gestion de leur moment de Gloire et celui de leur passage à Gethsemané. En effet, après la gloire des premières heures de leur conversion, ils sont restés dans ce confort et ont pensé que la vie chrétienne se résumait à cela. C'est vrai, que Dieu est un Dieu de gloire et que Christ en nous c'est l'espérance de la Gloire. Mais, n'est il pas aussi dit:"si nous persévérons, nous règnerons avec lui" (2 Timothée 2:12). Le mot « persévérons » ici veut dire en grec HUPOMENO qui est traduit en français par « être patient, supporter, souffrir ».

Pourtant, Jésus a dit que le disciple n'est pas plus grand que le maitre."S'ils m'ont hait, ils vous haïront aussi..."

Gethsemané est le jardin du test de notre obéissance et de la soumission de notre "moi" à Dieu. Tous les fils de Dieu doivent y passer. Adam a échoué à ce test dans un jardin appelé Eden. Sa désobéissance était en fait la victoire de son "Moi" sur la volonté de Dieu. En effet, il a préféré écouter le mensonge du diable lui disant qu'il sera comme Dieu s'il mangeait du fruit de l'arbre de la connaissance du bien et du mal. Adam a donc privilégié sa gloire personnelle au détriment de la gloire de Dieu. Il a préféré une vie d'indépendance totale à l'égard de son créateur et son Dieu.

Jésus Christ qui est le second Adam a par contre triomphé de son "Moi" dans un autre jardin appelé Gethsemané en laissant la volonté du Père se faire pleinement pour lui:"Non pas ma volonté,mais ta volonté".
« Lorsqu'il eut dit ces choses, Jésus alla avec ses disciples de l'autre côté du torrent du Cédron, où se trouvait un jardin, dans lequel il entra, lui et ses disciples »-**Jean 18:1**

« Puis, ayant fait quelques pas en avant, il se jeta sur sa face, et pria ainsi : Mon Père, s'il est possible, que cette coupe s'éloigne de moi ! Toutefois, non pas ce que je veux, mais ce que tu veux. » -**Matthieu 26:39**

Mes amis,combien même son "moi",son "ego" voulait que la coupe de souffrance de sa destinée soit éloignée de lui, le Seigneur Jésus Christ s'est ressaisit dans son âme et a réclamé que "seule la volonté du Père s'accomplisse dans sa vie".

Mes amis, après Gethsemané nous devons être prêt à mourir sur l'autel de Dieu;être prêt à être un sacrifice vivant pour le salut d'un grand nombre. La Bible dit dans **Romains 12:1** *« Je vous exhorte donc, frères, par les compassions de Dieu, <u>à offrir vos corps comme un sacrifice vivant</u>, saint, agréable à Dieu, ce qui sera de votre part un culte raisonnable. »*

La croix n'était que la concrétisation de la décision prise à Gethsemané. S'il n' y avait pas eu l'obéissance du Christ dans ce jardin,jamais il ne serait allé à Golgotha. Or, le prix de son obéissance lui a valu d'être sacrifié au mont du calvaire,à Golgotha.

Cher lecteur,saches que la vie chrétienne te conduira assurément à faire non pas un sacrifice mais des sacrifices pour l'avancement du royaume de Dieu dans ton environnement,ta famille,ton pays...

Le but de ce partage est de nous interpeller sur les différentes facettes de la marche avec Christ.Avec lui, nous passerons par des moments de gloire, mais aussi par des moments de brisement et de renoncement à soi. Le Christ n'a t-il pas dit:"que celui qui veut devenir mon disciple,qu'il se charge de sa croix,qu'il renonce à lui même..."

Cela semble effrayer quelques uns déjà, en lisant cela. Mais,je vous assure que la bonne nouvelle est que *"je puis tout par Christ qui me fortifie","le malheur atteint souvent le juste,mais l'Eternel l'en délivre toujours","Avec Dieu nous ferons des exploits","Quand je marche dans la vallée de l'ombre de la mort,je ne craint aucun mal car tu es avec moi...."*

Soyez donc rassuré que la gloire est notre partage, mais qu'en dehors d'elle, notre passion pour Christ nous conduira sur le même chemin que lui à savoir le chemin de la Gloire, de Gethsemané et de Golgotha.

Prière:

Apprend moi Seigneur, chaque jour, à apprecier ta grâce et à te rendre mes actions de grâce. Donne moi de réaliser qu'il n'y a rien d'insignifiant dans tout ce que tu fais dans ma vie.

Quelqu'un a besoin de toi

Mes amis, connaissez vous l'histoire de Zachée ? Pour la plupart d'entre nous, nous la connaissons parfaitement à travers la multitude de prédications et enseignements donnés par les serviteurs de Dieu.

Aujourd'hui, j'aimerai partager avec vous, toujours dans cette histoire, le mystère caché derrière le sycomore de Zachée. En effet, ce partage tourne les projecteurs non pas sur le publicain repentit, mais sur l'arbre qui lui a permit de rencontrer le Seigneur.

Si ce sycomore de la ville de Jéricho pouvait savoir qu'il allait jouer un rôle très important pour le salut d'une âme et pour l'avancement du royaume de Christ sur terre. Oui, mes chers amis le destin de cet arbre était de permettre la rencontre de Zachée et de Jésus Christ.

Cet arbre n'avait peut être pas la même utilité que les arbres tels que l'Accacia, le Cèdre, le Gopher. Toutefois, à ce moment précis de l'histoire, il était au bon endroit (au bord du chemin qui est Jésus Christ lui même) , dans la bonne ville, au bon moment (le passage, la visitation de Jésus Christ).Bien entendu,il ne se doutait en aucun cas de toutes ses réalités.

Mes amis, Dieu a des projets pour nous et pour notre avenir. Même si nous ne les comprenons pas toujours à l'instant « T ».N'est il pas écrit dans Jérémie **29:11** : « *Car je connais les projets que j'ai formés sur vous, dit l'Eternel, projets de paix et non de malheur, afin de vous donner un avenir et de l'espérance* ».

Dieu étant maître des temps et des circonstances est personnellement à l'œuvre dans ta vie et il a déjà planifié l'endroit,le moment de ta visitation divine et surtout de ton utilité dans son plan.

Sois sans crainte, il y a bien une personne sur cette terre qui a besoin de toi. Ce que tu es, ce que tu as correspond à une catégorie de personne bien précise que Dieu veut sauver, encourager,bénir à travers l'instrument que tu es. Ne te sous estime pas et n'envie pas les autres. La comparaison tue. Tu es unique pour Dieu et lui seul connait ta valeur et ton importance.

La petite taille de Zachée ne lui permettait certainement pas de monter sur tous les arbres. Ce sycomore apparemment était taillé sur mesure pour lui. En lisant le texte biblique, nul part il a été fait mention que Zachée ait eu beaucoup de peine à grimper sur cet arbre. Si cet arbre n'était pas d'une grande utilité, ce jour là, il a pleinement joué le rôle qui lui avait assigné avant même la fondation du monde.

Mon frère,ma soeur,la Bible dit dans Habakuk 2:3 /*Car c'est une prophétie dont le temps est déjà fixé, Elle marche vers son terme, et elle ne mentira pas ; Si elle tarde, attends–la, Car elle s'accomplira, elle s'accomplira certainement.*

Ce que Dieu a arrêté sur ta vie s'accomplira certainement au moment, à la période, à l'époque arrêté par lui seul. Toi, garde seulement une attitude de foi et sois patient. Dieu ne ment pas dans ses promesses. Tu es utile pour Dieu. Lorsqu'il te voit, il voit son meilleur enfouie en toi. Il voit de grandes possibilités et surtout il se réjouit de ce que tu es une merveilleuse créature créé à son image et à sa ressemblance.

Le Miroir de ta Vie

Mes amis, la Bible dit dans le livre de Jacques 1:22-25 : « *Mettez en pratique la parole, et ne vous bornez pas à l'écouter, en vous trompant vous-mêmes par de faux raisonnements.*
Car, si quelqu'un écoute la parole et ne la met pas en pratique, il est semblable à un homme qui regarde dans un miroir son visage naturel, et qui, après s'être regardé, s'en va, et oublie aussitôt quel il était.
Mais celui qui aura plongé les regards dans la loi parfaite, la loi de la liberté, et qui aura persévéré, n'étant pas un auditeur oublieux, mais se mettant à l'œuvre, celui-là sera heureux dans son activité ».

Ce passage de l'Ecriture nous dit que la Parole de Dieu est comme un miroir qui nous révèle qui nous sommes en Christ, par lui et avec lui.

Dieu, très conscient que les vérités spirituelles sont difficilement accessible à l'intelligence humaine, utilise beaucoup d'images, d'illustration pour nous faire comprendre sa volonté, ses exigences, ses standards, ses attentes. Car, en utilisant un langage 100% spirituel, il sait que l'homme n'en saisira pas grand chose.

C'est pourquoi, souvenez des paraboles du Seigneur Jésus, qui n'étaient en fait que de petites histoires en rapport avec le quotidien des personnes de son époque. Ces histoires étaient des illustrations de grandes vérités spirituelles au sujet du royaume de Dieu, du salut, du caractère des vrais disciples,...

Ces versets du livre de Jacques nous invitent à ne pas oublier qui nous sommes en Christ. Ces passages nous révèlent que la parole de Dieu est comme un miroir qui nous parle au sujet de nous même et qui nous montre tel que Dieu nous voit.

Beaucoup de Chrétiens oublient le plus souvent, surtout face à l'adversité, qui ils sont en Christ, ce qu'ils ont en Christ et ce qu'ils sont capable de faire en Christ.

Toi qui lis cette pensée, sois encouragé chaque jour à toujours regarder dans le miroir de Dieu, sa parole, afin de te voir comme il te voit et de faire ce qu'il te demande de faire.

Vous savez autant que moi que tout miroir parle. En se mirant, lorsque nous constatons que notre chemise est mal boutonnée par exemple, tout de suite nous arrangeons le défaut, n'est ce pas ? Pourquoi arrangeons nous le défaut. Tout simplement, parce qu'en nous regardons, le miroir nous a indiqué, révélé ce défaut.

Imaginez une vie sans miroir. Beaucoup sortiront de leur maison avec des cheveux à moitié coiffé, des pantalons mal enfilés, des visages mal lavés, etc.

De façon générale, il a été démontré qu'il était difficile pour les hommes et surtout pour les femmes de vivre sans miroir ou jeter un coup d'œil dans le miroir.

Si naturellement, nous comprenons 'l'importance du miroir, Dieu a travers ce passage de Jacques, nous rappelle également **l'importance pour l'homme de toujours plonger ses regards dans la loi parfaite de Dieu, dans sa Parole vivante et transformatrice.**

Mes amis, ce que Dieu nous révèle sur nous même et sur notre cœur est vrai. **Ce qui est bien avec Dieu, c'est qu'il nous révèle nos erreurs et fautes et il nous montre également la voie que nous devons emprunter pour ne plus les faire.** Dans les impasses causées par notre vie de péché et de rébellion aux instructions divines, Dieu dans son amour nous montre toujours les issues de secours et les voies de détresses.

Puissions nous lui faire confiance comme nous le faisons avec notre miroir et apprenons à toujours réajuster ce qui doit l'être dans nos vies, à travers la Parole de Dieu.

Prière:

Bénis soit le Dieu Tout Puissant, notre Père, qui nous fait triompher de tous nos ennemis et qui nous a mis au large. Que seul son nom soit glorifié.

Le Dieu de la diversion

Dans le livre de Samuel (1 Samuel 23:26-28) il nous est dit :

« Saül marchait d'un côté de la montagne, et David avec ses gens de l'autre côté de la montagne. David fuyait précipitamment pour échapper à Saül. Mais déjà Saül et ses gens entouraient David et les siens pour s'emparer d'eux, lorsqu'un messager vint dire à Saül : Hâte–toi de venir, car les Philistins ont fait invasion dans le pays.
 Saül cessa de poursuivre David, et il s'en retourna pour aller à la rencontre des Philistins. C'est pourquoi l'on appela ce lieu Séla–Hammachlekoth ».

Dans cette histoire, nous voyons que David et ses hommes étaient logiquement à la merci du roi Saül. Tout était réunit pour qu'ils soient livré entre les mains de Saül. Cependant, au moment où, peut être, tout espoir de s'en sortir s'était envolé. Au moment où la détermination avait progressivement laissée s'installer la résignation,un évènement inattendu va venir changer toutes les données.

« Mais déjà Saül et ses gens entouraient David et les siens pour s'emparer d'eux, lorsqu'un messager vint dire à Saül : Hâte–toi de venir, car les Philistins ont fait invasion dans le pays.

Saül cessa de poursuivre David, et il s'en retourna pour aller à la rencontre des Philistins. ».

Voyez vous, ce qui s'est passé. Allons nous l'inscrire dans le registre du « hasardeux » ou bien allons nous y discerner la providence divine venue au bon moment pour préserver la vie du chantre agréable d'Israël, de 'homme selon le cœur de Dieu, du tombeur de Goliath, David le oint de l'Eternel.

Sache le mon frère, ma sœur, **même à la dernière minute, au moment où tout semble terminer pour toi, sache le aujourd'hui, ton Dieu est celui qui change les déserts en fleuves et qui confond nos ennemis.**
Dieu a suscité un problème beaucoup plus important pour Saül que son acharnement contre David : l'invasion des philistins.

« ...un messager vint dire à Saül : Hâte–toi de venir, car les Philistins ont fait invasion dans le pays. »

En effet, le problème de David n'aurait eu d'impact que sur Saül : satisfaire sa haine et sa vengeance. Mais, le problème « Philistins » aurait, par contre, eu un impact direct sur tout le royaume d'Israël. Ainsi, il était beaucoup plus sérieux et son enjeu était beaucoup plus important que celui de la poursuite de David.

Nous retiendrons donc dans cette histoire que Dieu étant maître des temps et des circonstances est celui qui a permis cette diversion, en poussant les philistins, au même moment où Saül allait mettre la main sur David, à entreprendre la conquête d'Israël. Dieu a donc a détourné l'attention du roi Saül sur David à travers cette attaque des philistins.

Chers lecteurs, vous qui êtes unis à Christ Jésus et qui êtes bénéficiaire de la Nouvelle Alliance en lui, soyez donc rassurés en ce jour que votre Dieu fera diversion pour vous et vous fera entrer la ou vous n'étiez pas censé entrer et faire ce qui n'était pas en votre pouvoir. Dieu vous délivrera de vos ennemis et angoisses et alors vous saurez que votre Dieu est Dieu.

Le Régime dont tu as besoin pour changer

« *Or, les œuvres de la chair sont manifestes, ce sont l'impudicité, l'impureté, la dissolution,*
l'idolâtrie, la magie, les inimitiés, les querelles, les jalousies, les animosités, les disputes, les divisions, les sectes, l'envie, l'ivrognerie, les excès de table, et les choses semblables. Je vous dis d'avance, comme je l'ai déjà dit, que ceux qui commettent de telles choses n'hériteront point le royaume de Dieu ».

Mes amis, savez vous que la problématique de notre consécration est liée au but de notre vie, à la vision de Dieu que nous avons reçu. Tout dépend donc de ce qu'on poursuit dans la vie. Il y a des choses dans la vie qui ne sont pas dû à des démons ou esprits mais à notre manque de discipline et de maitrise de soi.

Prenons l'exemple d'une personne née en Christ et qui ne cesse de tomber en fornication, dans l'impudicité. Elle veut, pourtant bien servir son Dieu, mais elle n'y parvient pas. Sans cesse elle est poussée, attirée, entraînée vers les plaisirs sexuels de tous genres. Désespérée, cette personne vivant perpétuellement dans la culpabilité, ne sait plus quoi faire et se pose même des questions si réellement elle est chrétienne. Elle arrive même à penser que la vie chrétienne n'est pas faite pour elle. Elle a essayé toute sorte de cure d'âme et de délivrance, mais en vain. Où est le problème ?

A titre de rappel, il est important de signifier ceci. A notre nouvelle naissance, c'est à dire, lorsque nous avions placé notre foi en l'œuvre de Christ à la croix et manifesté notre désir d'être soumis à son autorité, notre esprit déconnecté de la vie de Dieu (c'est cela la mort spirituelle) a été régénéré et reconnecté de nouveau à sa source : Dieu.

Vu que l'homme est constitué par un esprit, une âme et un corps, à cette étape de notre conversion c'est notre esprit qui reprend vie et qui est affecté par la vie de Dieu. Par ailleurs, notre âme, siège de toutes nos pensées, ambitions, désirs, sentiments n'est pas encore totalement restaurée. En fait, jour après jour, l'influence de notre Esprit devrait se faire au niveau de notre âme qui doit bien sur collaborer, coopérer.

En ce qui concerne notre âme, Dieu a laissé le soin à l'homme d'y mettre de l'ordre.

L'âme est la partie « animal » de l'homme. C'est à dire la partie où la passion et les plaisirs incontrôlés font bon ménage. C'est la partie « rebelle » qui ne veut pas se soumettre à la loi de Dieu, à la Parole de Dieu. Lorsque nous parlons de la chair, nous faisons donc allusion à l'activité de l'âme avec tous ses désirs complètement à l'opposé des désirs de Dieu.

A ce sujet, nous pouvons donc comprendre que pour régler le problème de l'âme, il ne faut pas « nécessairement,obligatoirement » passer par des séances de délivrance.

Lorsque des « soi disant » chrétiens ne font que tomber et retomber dans l'impudicité, ne nous pressons pas à pointer du doigts les démons. C'est vrai que les mauvais esprits peuvent influencer et oppresser les chrétiens nés de nouveau. Mais, cela ne veut pas dire, pour autant, que cette influence conduise le chrétien à vivre complètement « sans foi ni loi ».Souvenez vous de la parole que Dieu donna à Caïn, lorsque ce dernier fut aigri parce que son offrande ne fut pas agréé par Dieu.

« Et l'Eternel dit à Caïn : Pourquoi es–tu irrité, et pourquoi ton visage est–il abattu ?
Certainement, si tu agis bien, tu relèveras ton visage, et si tu agis mal, le péché se couche à la porte, et ses désirs se portent vers toi : mais toi, domine sur lui ».**Genèse 4:6-7**

En disant à Caïn de dominer sur le péché, Dieu lui révèle implicitement qu'il lui en a donné la capacité et le mandat. Oui, mes amis, à ce stade de l'histoire, Abel n'avait pas encore été tué par son frère.

Ce qui revient à dire que l'ordre divin de Dieu à la famille d'Adam était toujours en vigueur. Dieu avait dit à l'homme de dominer et de régner sur la création. Nous pouvons même aller plus loin, en disant que la domination de l'homme va au delà du monde visible, mais aussi de toutes formes d'influences invisibles et occultes.

Dieu révèle à Caïn qu'il y a une force, puissance liée à chacune de nos actions. En fait, il explique à Caïn que chaque action et comportement est le résultat d'une influence spirituelle. C'est donc à chacun de nous d'identifier ce qui nous influence et de se poser la question si le résultat de l'action motivée ou encouragée par cette influence, cette pensée glorifie Dieu. Voila donc toute la problématique.

Dieu, face à la pression de notre chair et ses désirs, nous dit encore aujourd'hui de

« dominer sur... ».C'est à dire que c'est à nous d'exercer notre influence et de savoir dire non. D'ailleurs, il est écrit que ce que nous lierons sur la terre sera lié dans les cieux et ce que nous délierons sur la terre sera délié dans les cieux. En d'autres termes, ce que nous permettrons sur la terre sera permis dans les cieux (le monde des esprits) et ce que nous interdirons sur la terre sera interdit dans les cieux.

Ainsi, les œuvres de la chair, dont la fornication et autre impuretés sexuels telles la masturbation, la pornographie nécessitent, pour le chrétien né de nouveau, plus qu'une délivrance, mais une grande prise de conscience que ces pratiques sexuelles sont mal et non conformes à la bienséance selon Dieu.

Notre prise de conscience doit aboutir à une prise de décision de ne pas faire ce qui est mal aux yeux de Dieu. Enfin, nous devons mettre en place, dans notre vie, un régime et une discipline spirituelle à suivre afin de devenir la personne que Dieu a toujours voulu que nous soyons.

Pourquoi, nous disons cela. Et bien, beaucoup de Chrétiens ont demandé des délivrances des œuvres de la chair, notamment de l'impudicité, mais ils reviennent toujours sur les mêmes fautes, malgré la délivrance qui a été faite. Or, la seule façon d'être délivré de l'influence de la chair c'est de la crucifier, de la traiter durement.

En d'autres termes, le problème des œuvres de la chair dans notre vie est celui de la discipline et de la maitrise de soi. Et ça, mes amis, Dieu ne le fera pas à notre place. Tout dépend du but final de notre vie. Car, ce que nous poursuivons, nous l'atteindrons assurément, seulement et si nous y croyons nous même.

Réfléchissons un peu. Lorsque nous entrons dans un programme de régime alimentaire, nous le faisons pas pour le faire, pas parce que c'est à la mode, mais plutôt parce que nous avons fait un constat. Quel est ce constat? Un sur-poids, des graisses en trop entrainant des problèmes de cœur et de respiration.

Tout part d'un constat. C'est le constat qui nous met face à la réalité de notre vie qui est catastrophique et qui interpelle notre conscience. C'est le constat qui donne un sens à l'urgence de trouver des solutions pour avoir une vie normale, stable, équilibré.

Vu que chaque solution est proportionnelle au problème identifié, ce qui est applicable à toi qui lis ces lignes n'est pas forcement applicable à ton voisin. Aussi, ayant compris que chaque problème à sa solution, nous ne devons donc pas croire que ce qui a été fait pour régler un problème X sera applicable à tous nos problèmes du même genre.

Mes amis, Dieu a des solutions variées et multiples pour résoudre nos problèmes. Lisons sa parole et surtout pratiquons la.

Pour revenir à notre exemple du régime, nous comprenons qu' après avoir constaté le problème, pris la ferme résolution d'en sortir, nous devons nous lancer sans plus tarder à sa mise en œuvre dans notre vie.

Or, la mise en pratique de notre régime ne sera maintenue qu'à cause du but, la vision qui nous anime. C'est la vision qui doit nous faire courir. C'est la vision de ce que nous sommes censé être et faire qui nous imposera implicitement des règles, une discipline, des sacrifices.

C'est parce que nous ne voulons pas être en sur-poids et avoir des problèmes cardiaques que nous allons commencer à mettre de l'ordre dans notre vie alimentaire. Nous allons nous priver de tout ce qui est gras, de grignoter tout le temps, de manger n'importe quoi. Nous allons même commencer à nous coucher un peu plus tôt et à faire du sport. Ceci,c'est ce qui nous amènera à changer.

Mais, savoir ce qu'on doit faire n'est pas suffisant et salutaire. C'est ici que le « bas blesse » pour beaucoup de chrétiens. En effet, on peut avoir la connaissance de la solution de notre problème sans pour autant l'appliquer ou la prendre au sérieux.

Lorsque nous ne prenons pas au sérieux la solution qui nous est proposée, cela est dû au fait que l'urgence de notre situation n'a pas été bien comprise. Notre négligence révèle que nous n'avons pas encore compris que ce que nous sommes entrain de faire est fondamentalement nuisible à notre santé physique ou spirituelle. Cependant, il y a des personnes, tout même, qui commencent à mettre de l'ordre dans leur vie. Malheureusement, elles s'arrêtent le plus souvent en chemin. Pourquoi ? Tout simplement, parce qu'il leur a manqué de la discipline, de l'endurance, de la persévérance, de la volonté.

Mon frère, ma sœur nous verrons les résultats et fruits de notre régime spirituel qu'en adoptant une attitude persévérante et en veillant à être discipliné. Le Tout motivé par le but que l'on poursuit, la vision de Dieu pour nous : devenir semblable à son fils en tout et pour tout.

Sachons que, c'est en voyant notre détermination et notre volonté d'être conforme à lui, que Dieu nous accompagnera dans notre processus de restauration.

Ainsi, face aux œuvres de la chair dans notre vie, un ensemble de réformes s'imposeront.

A cet effet, considérons notre vie comme un état ou un royaume ou règne le chaos et la désolation. Pour faire face à la réalité de ce chaos, des réformes devront être faite, accompagnée bien sur par un changement de mentalité et de pensée à l'égard de la gestion de la nation ou du pays dans les secteurs mal gérés ou règnent le désordre. Car, une reforme sans changement des habitudes ne peut aller loin.

Voilà donc la clé de notre changement: une vraie repentance suivie de la discipline personnelle soutenue bien sur par le Saint Esprit. N'oublions pas que notre part est de mettre en place dans notre quotidien le bon environnement,les bonnes habitudes et attitudes conformes aux standards divins.

Prière:

Père céleste, je veux devenir semblable à Jésus Christ et te prie de m'aider chaque jour à me discipliner et à ne poursuivre qu'une seule chose: la manifestation de ta vie à travers ma vie.

Aimer à la manière de Dieu

Mes amis, nous parlons beaucoup d'amour sans pour autant en mesurer toujours le vrai sens et qu'est ce que cela implique vraiment pour Dieu.

Saviez vous que pour Dieu notre amour est mesurable par la façon dont nous traitons notre prochain. C'est justement ici que « le bas blesse » pour beaucoup d'entre nous: **le prochain.**
Ce dernier, différent de nous,est un peu celui qui dérange souvent notre repos bien mérité;celui qui n'est pas toujours prêt à nous céder la priorité sur la route;celui qui juge le plus souvent nos réussites et nos échecs;celui qui, par ses paroles nous blesse de façon consciente et inconsciente;celui qui est bénéficiaire autant que nous de la grâce de Dieu, de son amour et de son pardon.

En tant que créature de Dieu, le prochain mérite donc toute notre attention. D'ailleurs, parmi les plus grands commandements du Christ, notre relation avec le prochain est fondamentale.

« Tu aimeras le Seigneur, ton Dieu, de tout ton cœur, de toute ton âme, de toute ta pensée, et de toute ta force.
Voici le second : Tu aimeras ton prochain comme toi–même. Il n'y a pas d'autre commandement plus grand que ceux–là ». (Marc 12:30-31).

Nous sommes exhortés par Dieu et ses serviteurs à régler notre vie en fonction du prochain et surtout d'apprendre jour après jour à vivre avec lui. Or, vivre avec l'autre est une école où la plupart d'entre nous en sortent avec la mention « passable ».

Passable parce que, le plus souvent, notre patience à son égards ne dure qu'un petit moment. La majeure partie de notre temps, nous préférons ne pas être en contact avec lui;nous optons pour le mur du silence et les murmures du cœur;nous préférons parler derrière son dos;nous lui manifestons beaucoup de violence verbale et comportementale; nous sommes agressif à son égard et nous en faisons, indirectement, un ennemi. Pourtant, notre Seigneur Jésus a dit à ce sujet :

« Mais je vous dis, à vous qui m'écoutez : Aimez vos ennemis, faites du bien à ceux qui vous haïssent.(Luc 6:27)
Mais aimez vos ennemis, faites du bien, et prêtez sans rien espérer. Et votre récompense sera grande, et vous serez fils du Très–Haut, car il est bon pour les ingrats et pour les méchants (Luc 6:35) ».

Voyez vous !Quelque soit la personne que l'ennemi de nos âmes,Satan,utilise, nous ne devons pas la juger sur ce qu'elle fait, mais considérer ce qu'elle est et représente pour Dieu. Oui, mes amis, à la golgotha, le Christ a été crucifié pour tout le monde, même pour ceux qui semblent empoisonner notre vie. Si lui, l'innocent a sû aimer ses ennemis, ce n'est pas nous, des pécheurs pardonnés et restaurés en Christ (des saints pour Dieu maintenant) qui ne le feront pas.

Conscient que l'homme est forgé par l'homme et que le fer aiguise le fer, Dieu permet que notre prochain puisse être totalement différent de nous pour nous amener,par le brisement, à devenir de plus en plus semblable au Christ.

Aimer comme Dieu, c'est donc être à mesure, grâce à l'assistance du Saint Esprit et à notre décision, d'être patient;d'être plein de bonté ; de ne pas être envieux ; de ne pas se vanter; de ne pas s'enfler d'orgueil;de ne rien faire de malhonnête; de ne pas rechercher que son intérêt, de ne pas s'irriter; de ne pas soupçonner le mal; de ne pas se réjouir de l'injustice.

Vous l'aurez compris, toutes ces attitudes et tous ces comportements concernent bien notre relation avec notre prochain, avec nos frères et sœurs.

Si Dieu a déclaré toutes ces vérités de 1 Cor.13:1 au sujet de l'amour, c'est qu'il savait pertinemment que « pour pardonner » nous devons être offensé par l'autre;que pour « supporter » nous allons être souvent sous pressions et oppressions de l'autre. Voilà pourquoi, il nous interpelle à travers son serviteur Paul en ces termes:

« Quand je parlerais les langues des hommes et des anges, si je n'ai pas la charité, je suis un airain qui résonne, ou une cymbale qui retentit.
Et quand j'aurais le don de prophétie, la science de tous les mystères et toute la connaissance, quand j'aurais même toute la foi jusqu'à transporter des montagnes, si je n'ai pas la charité, je ne suis rien.
Et quand je distribuerais tous mes biens pour la nourriture des pauvres, quand je livrerais même mon corps pour être brûlé, si je n'ai pas la charité, cela ne me sert de rien. »

Prière:

Notre Père, aides nous à toujours manifester ton amour par des actes et attitudes de bontés et de bienfaisances à l'égard de notre prochain.

ANNEXE

« **La Bible dit...** »

Ne crains rien, car je suis avec toi ; Ne promène pas des regards inquiets, car je suis ton Dieu ; Je te fortifie, je viens à ton secours, Je te soutiens de ma droite triomphante.

11 Voici, ils seront confondus, ils seront couverts de honte, Tous ceux qui sont irrités contre toi ; Ils seront réduits à rien, ils périront, Ceux qui disputent contre toi.

Esaïe 41:10

Garde le silence devant l'Eternel, et espère en lui ; Ne t'irrite pas contre celui qui réussit dans ses voies, Contre l'homme qui vient à bout de ses mauvais desseins.**Ps.37:7**

Ma grâce te suffit, car ma puissance s'accomplit dans la faiblesse. **2 cor.12:9**

Espère en l'Eternel ! Fortifie–toi et que ton cœur s'affermisse ! Espère en l'Eternel !**Ps.27:14**

L'Eternel n'abandonnera point son peuple, à cause de son grand nom, car l'Eternel a résolu de faire de vous son peuple.**1 Samuel 12:22**

Mais notre cité à nous est dans les cieux, d'où nous attendons aussi comme Sauveur le Seigneur Jésus–Christ,21 qui transformera le corps de notre humiliation, en le rendant semblable au corps de sa gloire, par le pouvoir qu'il a de s'assujettir toutes choses.**Phil.3:20/21**

Vous, au contraire, vous êtes une race élue, un sacerdoce royal, une nation sainte, un peuple acquis, afin que vous annonciez les vertus de celui qui vous a appelés des ténèbres à son admirable lumière,
1Pierre 2:9

Sachez que l'Eternel est Dieu ! C'est lui qui nous a faits, et nous lui appartenons ;

Nous sommes son peuple, et le troupeau de son pâturage. **Ps.100:3**

Ainsi donc, comme des élus de Dieu, saints et bien–aimés, revêtez–vous d'entrailles de miséricorde, de bonté, d'humilité, de douceur, de patience.
13 Supportez–vous les uns les autres, et, si l'un a sujet de se plaindre de l'autre, pardonnez–vous réciproquement. De même que Christ vous a pardonné, pardonnez–vous aussi.
14 Mais par–dessus toutes ces choses revêtez–vous de la charité, qui est le lien de la perfection.
Col.3:12-14

Béni soit l'homme qui se confie dans l'Eternel, Et dont l'Eternel est l'espérance !
8 Il est comme un arbre planté près des eaux, Et qui étend ses racines vers le courant ; Il n'aperçoit point la chaleur quand elle vient, Et son feuillage reste vert ; Dans l'année de la sécheresse, il n'a point de crainte, Et il ne cesse de porter du fruit. **Jeremie 17:7-8**

La nuit est avancée, le jour approche. Dépouillons–nous donc des œuvres des ténèbres, et revêtons les armes de la lumière.
13 Marchons honnêtement, comme en plein jour, loin des excès et de l'ivrognerie, de la luxure et de l'impudicité, des querelles et des jalousies.
14 Mais revêtez–vous du Seigneur Jésus–Christ, et n'ayez pas soin de la chair pour en satisfaire les convoitises. **Rom.13:12**

Toute grâce excellente et tout don parfait descendent d'en haut, du Père des lumières, chez lequel il n'y a ni changement ni ombre de variation. **Jacques 1:17**

Car la parole de Dieu est vivante et efficace, plus tranchante qu'une épée quelconque à deux tranchants, pénétrante jusqu'à partager âme et esprit, jointures et moelles ; elle juge les sentiments et les pensées du cœur. **Hebreux 4:12.**

Mais maintenant, en Jésus–Christ, vous qui étiez jadis éloignés, vous avez été rapprochés par le sang de Christ.

14 Car il est notre paix, lui qui des deux n'en a fait qu'un, et qui a renversé le mur de séparation,

15 (2–14) l'inimitié, (2–15) ayant anéanti par sa chair la loi des ordonnances dans ses prescriptions, afin de créer en lui–même avec les deux un seul homme nouveau, en établissant la paix,

16 et de les réconcilier, l'un et l'autre en un seul corps, avec Dieu par la croix, en détruisant par elle l'inimitié.

17 Il est venu annoncer la paix à vous qui étiez loin, et la paix à ceux qui étaient près ;

18 car par lui nous avons les uns et les autres accès auprès du Père, dans un même Esprit.

19 Ainsi donc, vous n'êtes plus des étrangers, ni des gens du dehors ; mais vous êtes concitoyens des saints, gens de la maison de Dieu. **Eph.2:13-19**

Vois, je mets aujourd'hui devant vous la bénédiction et la malédiction:

27 la bénédiction, si vous obéissez aux commandements de l'Eternel, votre Dieu, que je vous prescris en ce jour ;

28 la malédiction, si vous n'obéissez pas aux commandements de l'Eternel, votre Dieu, et si vous vous détournez de la voie que je vous prescris en ce jour, pour aller après d'autres dieux que vous ne connaissez point. **Deut.11:26-27**

Car Dieu a tant aimé le monde qu'il a donné son Fils unique, afin que quiconque croit en lui ne périsse point, mais qu'il ait la vie éternelle.

17 Dieu, en effet, n'a pas envoyé son Fils dans le monde pour qu'il juge le

monde, mais pour que le monde soit sauvé par lui.

18 Celui qui croit en lui n'est point jugé ; mais celui qui ne croit pas est déjà jugé, parce qu'il n'a pas cru au nom du Fils unique de Dieu. **Jean 3:16-18**

Celui qui est fidèle dans les moindres choses l'est aussi dans les grandes, et celui qui est injuste dans les moindres choses l'est aussi dans les grandes.

11 Si donc vous n'avez pas été fidèles dans les richesses injustes, qui vous confiera les véritables ?

12 Et si vous n'avez pas été fidèles dans ce qui est à autrui, qui vous donnera ce qui est à vous ?

Luc 16:10

Retenons fermement la profession de notre espérance, car celui qui a fait la promesse est fidèle.

24 Veillons les uns sur les autres, pour nous exciter à la charité et aux bonnes œuvres. **Hb.10:23**

Car ainsi a parlé le Seigneur, l'Eternel, le Saint d'Israël : C'est dans la tranquillité et le repos que sera votre salut, C'est dans le calme et la confiance que sera votre force. Mais vous ne l'avez pas voulu ! Esaïe 30:15

Oui, je veux morebooks!

i want morebooks!

Buy your books fast and straightforward online - at one of world's fastest growing online book stores! Environmentally sound due to Print-on-Demand technologies.

Buy your books online at
www.get-morebooks.com

Achetez vos livres en ligne, vite et bien, sur l'une des librairies en ligne les plus performantes au monde!
En protégeant nos ressources et notre environnement grâce à l'impression à la demande.

La librairie en ligne pour acheter plus vite
www.morebooks.fr

VDM Verlagsservicegesellschaft mbH
Heinrich-Böcking-Str. 6-8   Telefon: +49 681 3720 174   info@vdm-vsg.de
D - 66121 Saarbrücken   Telefax: +49 681 3720 1749 www.vdm-vsg.de

www.ingramcontent.com/pod-product-compliance
Lightning Source LLC
Chambersburg PA
CBHW032006220426
43664CB00005B/156